CB065300

edição
MARCELO DUNLOP

O MAU HUMOR DE CHUTEIRAS

mórula
EDITORIAL

Todos os direitos desta edição reservados
à MV Serviços e Editora Ltda.

REVISÃO
Leonardo Cunha

ILUSTRAÇÃO (CAPA)
Albarte

PROJETO GRÁFICO
Patrícia Oliveira

CIP-BRASIL. CATALOGAÇÃO NA PUBLICAÇÃO
SINDICATO NACIONAL DOS EDITORES DE LIVROS, RJ
Elaborado por Gabriela Faray Ferreira Lopes — CRB 7/6643

M411

O mau humor de chuteiras / organização Marcelo Dunlop. —
1. ed. — Rio de Janeiro: Mórula, 2022.
    224 p. ; 21 cm

Inclui índice
ISBN 978-65-81315-40-5

    1. Futebol — Humor, sátira, etc. I. Dunlop, Marcelo.

22-81475   CDD: 796.330207
                              CDU: 82-7:796.332

Rua Teotônio Regadas 26 sala 904
20021_360 _ Lapa _ Rio de Janeiro _ RJ
www.morula.com.br _ contato@morula.com.br
/morulaeditorial   /morula_editorial

*Ao casal de salafrários que, em meio
à alegria de uma Taça Guanabara,
roubou de moto a bandeira de estimação
de uma criança — e a fez, bem ali
na entrada do túnel Rebouças, sacar
tudo sobre a humanidade.*

8	**Víboras sobre a grama**
15	A de Ai
21	B de Bestiais
33	C de Copa do Mundo
43	D de Drible
47	E de Esforço
53	F de Fanáticos
65	G de Goleiro
71	H de Habilidade
79	I de Indomáveis
89	J de Juiz
95	L de Literatura
105	M de Multidões

113	N de Negócio
121	O de Outrora
127	P de Pelada
131	Q de Quizumba
137	R de Rei
145	S de Seleção
153	T de Táticas
163	U de Uniformizadas
169	V de Vídeo
175	X de Xerifes
183	Z de Zebra
190	**Quem disse**

VÍBORAS SOBRE A GRAMA

Marcelo Dunlop

E A DO CAMUS? Cadê a frase do Albert Camus? E a daquele outro cultuado filósofo, o "Neném (Pé de) Prancha", sobre o presidente do clube cobrar o pênalti? E a do Jardel, tem a do Jardel?

O campo de futebol, como se sabe, é um retângulo coberto de grama, ladeado por duas balizas e cercado de perguntas por todos os lados. "Gol de quem?", "falta quanto?", "quanto esse cara ganha para chutar assim? Eu que devia receber para te ver em campo, desgraçado!" etc. etc. E, claro, a eterna curiosidade: "quem disse isso mesmo?".

Meu fascínio por frases, tiradas venenosas e citações definitivas é do tempo do Onça — no caso, o becão do Flamengo. Creio que comecei a colecioná-las na mais tenra idade, após cansar dos álbuns de figurinhas. A mania ganhou força quando li, num livro, que uma das máximas mais célebres do carnaval, "povo gosta de luxo, quem gosta de miséria é intelectual", não era bem do Joãosinho Trinta — e sim de seu entrevistador, o genial jornalista Elio Gaspari.

A ideia desta antologia, portanto, nasceu para descobrir, de uma vez por todas, quem disse o quê, em que contexto e, em especial, contra quem.

Depois de mais de seis anos de pesquisas, iniciadas por sinal quando Adenor Tite mal começara na seleção brasileira, em 2016, foram várias as descobertas. Aprendi, por exemplo, que a célebre frase de Camus ("o que eu mais sei sobre a moral e as obrigações do homem devo ao futebol") jamais foi dita por Camus. A sabedoria destilada numa entrevista pelo goleirão argelino do Racing Universitaire Algerios (RUA), vencedor do Nobel em 1957, conforme verificada pelo doutor em literatura M.M. Owen, foi: "depois de muitos anos nos quais o mundo me proporcionou grande número de experiências, o que sei com mais certeza no longo prazo sobre a moralidade e as obrigações dos homens... aprendi com o RUA".

Neném Prancha, o mítico pensador da praia de Copacabana, tampouco disparou uma de suas mais conhecidas sentenças, a que ensina: "pênalti é uma coisa tão importante que deveria ser cobrado pelo presidente do clube". Boa, né? Mas em artigo na revista "Trip", o velho roupeiro e técnico de futebol de areia aparece a renegando cabalmente, entre resmungos. Dizia que falou outra coisa, parecida mas diferente. Para variar, alguém teria mexido e copidescado a frase.

Não seria, claro, a última nem a primeira. Há várias tiradas de Prancha com versões diferentes na boca do povo. Como aquela em que o treinador nascido em Resende teria dito: "jogador bom é que nem sorveteria, tem diversas qualidades".

Curiosamente, o fanático alvinegro Paulo Mendes Campos, que não costumava perder treinos, a registrou de outra maneira, em seu saboroso livro *O gol é necessário*: "jogador é como sorvete: tem de diversas qualidades". Qual seria a certa?

Ao escavar atrás dos tesouros de Prancha, contudo, e ao cruzar as informações de historiadores de mão cheia e pés certeiros, pude enfim chegar perto da gênese de ao menos uma dessas pérolas.

De acordo com Raul Milliet Filho, o Botafogo perdeu um jogo, provavelmente nos anos 1940, depois que um jogador chamado Valseque desperdiçou um pênalti decisivo. Ao fazer a cobrança, pegou por baixo e mandou a bola do outro lado da rua, por cima das arquibancadas de General Severiano. No dia seguinte, conforme contou João Saldanha, o presidente do clube alvinegro, um senhor baixinho, de terno branco e sapato de verniz, ainda estava fulo com o resultado. Ele interrompeu o treino e se aproximou. "Olhem só", e bateu o pênalti no cantinho, para estufar as redes. E concluiu: "pênalti se bate assim". Neném Prancha, ali a assistir a tudo, emendou de primeira, para risos gerais: "o pênalti é tão fácil, mas tão fácil, que até o presidente do clube pode bater!".

Segundo o historiador bom de bola Sérgio Cabral, a modificação sacana na frase não teria sido coisa de Saldanha, nem de Sandro Moreyra ou Sérgio Porto, velhos amigos de Prancha. E sim, obra e graça de outro notório frasista: José Martins de Araújo Júnior, ou, para os íntimos, Don Rossé Cavaca. Devemos tudo, portanto, àquele pé obscuro e descalibrado de Valseque.

De tanto rolar de cá para lá, assim, as frases de Camus e Neném acabaram enfeitadas, penteadas e floreadas.

Mas as grandes soladas verbais são como samba e passarinho, acabam sendo de quem pegar primeiro. Há, por exemplo, uma frase clássica que não entrou no livro para não dar briga, por ter três pais. Certa noite o saudoso Jô Soares recebeu o escritor Luis Fernando Verissimo em seu sofá, nos tempos de SBT. Em papo sobre a Copa de 1990 que se avizinhava, o Gordo perguntou ao torcedor do Internacional o que achava das chances da Alemanha. Verissimo então murmurou, espirituoso: "Os alemães jogam uma coisa que se parece com futebol, que não é bem futebol, mas que funciona". Jô gargalhou, concordou e curtiu tanto a sacada que, ao menos de quatro em quatro anos, passou a repeti-la aos quatro ventos, em papos com outros aficionados da bola. O amigo Galvão Bueno, nas transmissões de jogos, adotou-a. Em pouco tempo, ninguém sabia mais de quem era a tirada — só mesmo quem ficou até tarde ligado no programa do Jô aquela noite.

Mas e a do Jardel? Bem, o Jardel, quem diria, disse que não disse, desdisse que disse e acabou por desdizer o que não disse, refutando a joia "clássico é clássico, e vice-versa". De fato, nossos cobrões do futebol, como boas víboras, sempre foram capazes de uma frase de Pelé, outra de Macalé. As mais cheias de peçonha estão reunidas nas páginas a seguir.

DE Ai

Meu primeiro contato
com a bola foi no saco.

ALDIR BLANC

Quando você é um atacante, não está numa
corrida. Quando a bola chega no seu pé e você
tem dois zagueirões mordendo em cima, não
é uma corrida. É uma luta, uma luta de rua.

ADRIANO IMPERADOR

Futebol: um esporte em que os competidores
realmente curtem ser acertados na cabeça
por uma bola.

ANÔNIMO

Por que em toda confusão em campo o goleiro
reserva é o primeiro a chegar? Simples, o cara
é alto, novo, está descansado e aquela é
provavelmente a única ação que ele vai ver
antes de ser emprestado ao Criciúma.

ARNALDO BRANCO

Bem-aventurados os que não entendem nem
aspiram a entender de futebol, pois deles é o
reino da tranquilidade. Bem-aventurados os que,
por entenderem de futebol, não se expõem
ao risco de assistir às partidas, pois não voltam
com decepção ou enfarte.

CARLOS DRUMMOND DE ANDRADE

O carrinho está para o futebol assim como
o trator está para a jardinagem.
FRAGA

Jogador que tem um canhão na perna mira
a primeira falta do jogo no meio da barreira
e à meia-altura. Na cobrança seguinte,
a barreira já treme.
JAIR PEREIRA

Na preleção de vestiário, o treinador
verdadeiramente cristão é o que diz: meus
filhos, quando forem atingidos, ofereçam
o outro tornozelo.
JÔ SOARES

O futebol deve ser jogado com alegria nas
chuteiras — e com uma faca entre os dentes.
JOSÉ PEKERMAN

Quando notei que precisava melhorar meu
cabeceio, passei a treinar duas horas a mais
na Gávea. Em casa, eu ia deitar com um saco
de gelo na testa.
LUÍS CARLOS TÓFFOLI, O GAÚCHO

Rúgbi é um jogo de bárbaros jogado por
cavalheiros; futebol é um jogo de cavalheiros
jogado por bárbaros.

OSCAR WILDE

Jogador que gosta de bater tem que aprender
a apanhar também.

PELÉ

O futebol contribuiu de forma decisiva para
o desenvolvimento da ortopedia, do raio-X
e do Gelol.

PERRY WHITE

Pela sua maneira de bater na bola, Didi mudava
a unha do dedão do pé direito a cada 45 dias —
a unha velha ficava roxa, caía e nascia uma
nova por baixo.

RUY CASTRO

Há uma estatística que as pessoas se recusam a
aceitar: jogar futebol mata mais do que tubarão.

TATÁ WERNECK

Depois da tempestade vem a ambulância.

VICENTE MATHEUS

A vida é mata-mata, daqui ninguém
sai vivo. Apenas para os bem-nascidos
a vida é de pontos corridos.

XICO SÁ

B

DE *Bestiais*

Quando o time ganha,
o técnico é bestial. Quando
perde, é uma besta.

OTTO GLÓRIA

Sou paizão nada, cara. Sou amigo é de quem entra em campo e se doa ao máximo.
ABEL BRAGA

Ganha campeonato o time de melhor defesa. Nosso compromisso ao jogar, assim, é correr a cem por hora para a frente, e a 200 por hora para trás.
ABEL FERREIRA

Eu não acredito em sorte; apesar de saber que ela é indispensável no futebol.
ALAN BALL JR.

Na minha carreira nem sempre fiz o que os técnicos mandaram. Primeiro, porque a gente sente no campo quando as coisas vão dar certo ou não. Depois, porque dentro do campo os jogadores percebem que há mais alternativas do que as propostas pelo treinador.
ALMIR PERNAMBUQUINHO

Todo técnico de futebol é uma ilha de burrice cercada de inteligência por todos os lados.
ANÔNIMO

Não é preciso ter jogado futebol para ser técnico.
Você não precisa ter sido cavalo para ser jóquei.
ARRIGO SACCHI

Ser treinador de futebol tem um quê hamletiano.
Implica em ser e, ao mesmo tempo, não ser.
ARTHUR MUHLENBERG

Em futebol é assim, se o treinador andar sobre
as águas, vão dizer que ele não sabe nadar.
BERTI VOGTS

O jogador nunca sabe por que é substituído —
até virar treinador.
BOBBY ROBSON

No futebol os primeiros 90 minutos são
os mais importantes.
BOBBY ROBSON

O gol é o maior detalhe do futebol.
CARLOS ALBERTO PARREIRA

Ao criar a figura do técnico para escalar e comandar o time, o cartola lavou as mãos. Transformou tal criatura num paredão entre o torcedor, um ser quase sempre irracional, e a sua invariável mediocridade.

DIEGO LUCERO

Técnico de futebol é um cargo de confiança. Ele é demitido no minuto em que a diretoria perde a confiança nele.

EMERSON LEÃO

Eu perdi, nós empatamos, vocês ganharam.

ÊNIO ANDRADE

No futebol brasileiro, quem inova e vence tem suas ideias reconhecidas. Mas, se perde, são consideradas invencionices.

ERNESTO SANTOS

O problema de ter jogador ruim no elenco é que um dia ele acaba entrando.

EVARISTO DE MACEDO

Nem o general Solano Lopez, que perdeu a Guerra do Paraguai, teve de dar tantas explicações como eu, que perdi um jogo de futebol.
FLÁVIO COSTA, TREINADOR DA SELEÇÃO BRASILEIRA NA COPA DE 1950

É obrigação do treinador enxergar o que se passa na alma do jogador. Ele tem de ser guia e fazedor de milagres. Mestre e curandeiro. Dar vista aos cegos e muleta aos aleijados.
GENTIL CARDOSO

Futebol é jogado, mas, principalmente, pensado.
GENTIL CARDOSO

Se um técnico já dirigiu mais de sete países diferentes, é holandês.
HERNÁN CASCIARI

Em dia de decisão de título eu reunia os jogadores no vestiário e dizia: campeonato é feito um bolo de aniversário, chegou a hora de repartir e vai ser todo nosso. Não vamos dividir com mais ninguém!
JAIR PEREIRA

Se macumba ganhasse jogo, o Campeonato
Baiano terminava empatado.
JOÃO SALDANHA

Em futebol só existe um titular absoluto:
o presidente do clube.
JOEL SANTANA

Jogar futebol é muito simples. Mas jogar um
futebol simples é a coisa mais difícil que existe.
JOHAN CRUYFF

Não sou Eça de Queiroz. O que estudei e sei
fazer é ser treinador. Têm de julgar-me como
treinador, se sou bom ou não.
JORGE JESUS

Eu sou um treinador, não sou o Harry Potter.
No mundo real não existe magia.
JOSÉ MOURINHO

O jogador para mim é número: quantos chutes,
passes, gols, assistências. Se ele não tiver
número, sai do time.
LEVIR CULPI

Futebol não é um jogo de justiça, é um jogo
de bola no gol.

MANO MENEZES

A pior função no futebol é a de técnico.
O cara não ganha jogo, só perde.

MURICY RAMALHO

Um treinador de terno Armani na lateral do
campo faz tanto sentido quanto um guarda
de trânsito de escafandro no cruzamento.

NEI CONCEIÇÃO

Jogador tem que ir na bola como num
prato de comida.

NENÉM PRANCHA

Para ser um bom técnico de futebol, a primeira
condição é aprender a engolir sapo.

OTACÍLIO GONÇALVES

... e Deus criou o jogador brasileiro (aí o diabo
criou o técnico para atrapalhá-lo).

OTELO CAÇADOR

Treinador no Brasil já chega para a coletiva de imprensa de mochila nas costas, para o caso de ser demitido.
PAULO NUNES

As regras do futebol são muito simples: se algo se mover, chute. Se não se mover, chute antes que se mova.
PHIL WOOSNAM

Ser treinadora de futebol é pura comunicação. Se uma técnica quer ter sucesso, é importante conhecer com quem está falando.
PIA SUNDHAGE

A falha de um time logo no início produz um curto-circuito capaz de alterar toda uma partida.
REINALDO RUEDA

O futebol entra pelos olhos, espalha-se pela cabeça e desce para os pés.
RENATO CESARINI

O bom treinador é capaz de recuperar qualquer bom jogador em má fase — se o jogador quiser.
RENATO GAÚCHO

Quem não sabe por que perde, também
não sabe por que ganha.

ROBERTO FERNANDES

Há técnicos que montam timaços e vencem
campeonatos. Mas há um treinador ainda mais
raro: o que pega a criança que mal sabe correr
e respirar ao mesmo tempo e a ensina a jogar
futebol. Esses são os mais valiosos.

RODRIGO D'ANTONIO

Técnico bom é o que não atrapalha.

ROMÁRIO

No futebol, quem tem dois jogadores para
uma posição tem um. Quem tem um,
não tem nenhum.

SÉRGIO MOACIR

Mais vale vencer dez vezes por 1 x 0 do que
vencer uma única vez por 10 x 0.

VAHID "VAHA" HALILHODŽIĆ

O medo de perder tira a vontade de ganhar.

VANDERLEI LUXEMBURGO

Ser técnico do Flamengo é um emprego
mais complicado do que ser anjo da guarda
da família Kennedy.

WASHINGTON RODRIGUES, *O APOLINHO*

Pressão é trabalhar em mina. Pressão é ficar
sem trabalhar. Pressão é tentar escapar do
rebaixamento ganhando um salário de fome.
Pressão não é a final de um campeonato.
Isso é apenas a recompensa.

WILLIAM "BILL" SHANKLY

Treinador de futebol é uma das raras
profissões em que se perde o cargo por
incompetência alheia.

ZÉ ROBERTO PADILHA

C

DE *Copa do Mundo*

Vinte e duas fúrias,
perseguindo o mundo.

APARICIO TORELLY

É uma das ciladas na cobertura das Copas
do Mundo: você pensa que vai a Tóquio e acaba
em Yokohama.

ARTUR XEXÉO

Que Deus os proteja, se a seleção fracassar.

BENITO MUSSOLINI, EM 1934, AO TREINADOR
DA SELEÇÃO ITALIANA VITTORIO POZZO

Foi-se a Copa? Não faz mal.
Adeus chutes e sistemas.
A gente pode, afinal,
Cuidar de nossos problemas.

CARLOS DRUMMOND DE ANDRADE

O gol foi feito pela minha cabeça
e a mão de Deus.

DIEGO MARADONA, SOBRE O GOL CONTRA
A INGLATERRA NA COPA DE 1986

Nós jogamos com alegria, os alemães jogaram
para ser campeões.

FERENC PUSKAS, APÓS DERROTA PARA
A ALEMANHA OCIDENTAL NA FINAL DA COPA
DE 1954

Se Zico não ganhou uma Copa do Mundo,
azar da Copa do Mundo.
FERNANDO CALAZANS

NÍLTON SANTOS: Agora é a Suécia, Mané.
O último jogo.
MANÉ GARRINCHA: Já? Mas que torneio mixo!
O Campeonato Carioca é muito melhor,
que tem turno e returno.
(ANTES DA FINAL DA COPA DO MUNDO DE 1958)

O futebol é um jogo simples entre dois times,
com 22 jogadores correndo atrás da bola,
em que a Alemanha vence no final.
GARY LINEKER

Futebol internacional é a continuação da guerra
por outros meios.
GEORGE ORWELL

Um dos maiores prazeres concedidos ao homem,
depois disso e daquilo outro, é ver a Alemanha
perder. Futebol e guerra.
IVAN LESSA

A Hungria de 1954 é a avó do carrossel holandês.

JÔ SOARES

Italianos não são capazes de vencer você numa partida, mas você é capaz de perder uma partida para os italianos.

JOHAN CRUYFF

Messi não deve um Mundial à Argentina.
É o futebol que deve um Mundial a Messi.

JORGE SAMPAOLI

A seleção da Irlanda sempre dá a impressão de ter sido convocada pelo critério conhecido nas ilhas britânicas como "Hy". Escolhem um treinador e o treinador escolhe um pub. Entra no pub, vê quem tem cara de jogador de futebol ou bandido ou, de preferência, as duas coisas, e diz "Hey, you!". Muitos se apresentam para treinar ainda com o copo de cerveja na mão.

LUIS FERNANDO VERISSIMO

Luxemburgo é um país tão pequeno que seu principal problema de fronteira são os repetidos apelos a países vizinhos para que devolvam a bola.

LUIS FERNANDO VERISSIMO

Iranianos, armênios e árabes são povos que
jamais vão ganhar a Copa do Mundo, pois somos
terríveis em formar equipes. Sempre que eu
jogava futebol com amigos do Irã, começávamos
com 11 jogadores e terminávamos com três.
O juiz não expulsava, a gente é que discutia e ia
um embora para cada lado.

MAZ JOBRANI

Para a história de um jogador, é mais importante
ficar no coração das pessoas do que ganhar uma
Copa do Mundo.

MICHEL PLATINI

As únicas coisas às quais os portugueses chegam
cedo são, em primeiro lugar, aos desafios de
futebol e, em segundo lugar, à conclusão que não
vale a pena chegar cedo a seja o que for.

MIGUEL ESTEVES CARDOSO

Perdemos, mas guardo com carinho a primeira
vez que disputei uma Copa do Mundo. Entrei
menina, saí mulher.

MIRA FORMIGA

Não há nada na vida comparável a perder de 7 x 1.

MORAES MOREIRA

O futebol é a principal atividade da Itália,
a política e a fofoca são apenas passatempos.

NELSON MOTTA

A pátria não está em jogo numa partida
de futebol.

NÍLTON SANTOS

Outros países têm sua história. O Uruguai
tem seu futebol.

ONDINO VIERA

Quanto maior o adversário, maior a glória.

PAOLO ROSSI

No Oriente Médio, pratica-se um jogo
bem semelhante ao futebol, só que é jogado
com um quibe.

PERRY WHITE

O futebol e a Copa do Mundo de 2002
contribuíram mais para a reconciliação entre Japão
e Coreia do Sul do que cem anos de diplomacia.

PRÍNCIPE TAKAMADO DO JAPÃO

Alemão não joga futebol, alemão luta futebol.

REINHARD SAUER

A Copa do Mundo dura um mês. Mas rende
assunto para o resto da vida.

ROBERTO ASSAF

O continente africano produz alguns dos
melhores jogadores para o mundo e não recebe
nada em troca. O mundo ainda nos vê como
escravos. Vivemos uma segunda escravidão.

ROGER MILLA

Será que este povo que rezou junto e está
berrando junto não será capaz de trabalhar
junto, de viver em paz junto? Não respondo;
não sei. A hora não é de pensar; é de berrar,
berrar, berrar: Brasil! Brasil! Brasil!

RUBEM BRAGA, *EM 1970*

Para o Uruguai, perder por 2 x 0 não é derrota,
é ofensa moral.

RUY CARLOS OSTERMANN

No Brasil se joga futebol com alegria, enquanto
na Rússia jogamos com seriedade. É por isso
que nós perdemos tanto.

SERGEY BRILEV

O roubo da Jules Rimet revela tanto sobre
o Brasil quanto a conquista da Jules Rimet.

SÉRGIO RODRIGUES

A Holanda de 1974 não era um time de futebol,
e sim um enxame de abelhas.

ZÉ MARIA ALVES

Depois de 1982 todo mundo passou a dizer que
o importante era ganhar. Estamos pagando
aquela Copa até hoje. Com um futebol
burocrático, retranqueiro, de força física e,
acima de tudo, violento.

ZICO

Ainda hoje os pais me param na rua e dizem a seus filhos: este é o Zizinho, que jogou na Copa de 50! Joguei 19 anos, tenho alguns títulos e sou lembrado, igual aos demais jogadores daquela campanha, como um perdedor.

ZIZINHO

DE *Drible*

O drible de corpo
é quando o corpo tem
presença de espírito.

CHICO BUARQUE

Lateral que muito avança acaba levando
bola nas costas.

ANÔNIMO

O futebol é a arte da mentira, uma mentira
inventada e contada pelo corpo em uma fração
de segundos.

FRANCISCO BOSCO

A arte do drible é dizer que sim e executar o não.

IGNÁCIO DE LOYOLA BRANDÃO

Garrincha não era de carne e osso. Se o Mané
fazia uma coisa em campo, no replay fazia outra.

NEI CONCEIÇÃO

Nem tudo que é torto é errado
Veja as pernas do Garrincha e as árvores
do Cerrado.

NICOLAS BEHR

Todos os jogadores do mundo são marcáveis,
menos Mané Garrincha. Mané em dia de Mané,
só com um revólver.

NÍLTON SANTOS

Overlapping ou ponto futuro é um troço
que Mané Garrincha fazia sozinho.
NÍLTON SANTOS

Brasileiro, adorando driblar, espuma de ódio
ao ser driblado.
PAULO MENDES CAMPOS

O futebol brasileiro é o território natural
da ginga. Embora até jogadores suíços ou
monegascos tenham aprendido a driblar,
só os brasileiros parecem deter seus segredos.
RUY CASTRO

Passe é razão, drible é emoção.
TOSTÃO

Vale mais no futebol surpreender
do que obedecer.
ZICO

Primeiro eu fui para a esquerda e ele foi também.
Depois fui para a direita, ele também. Então fui
de novo para a esquerda e ele foi comprar
um cachorro-quente.
ZLATAN IBRAHIMOVIĆ

E
DE *Esforço*

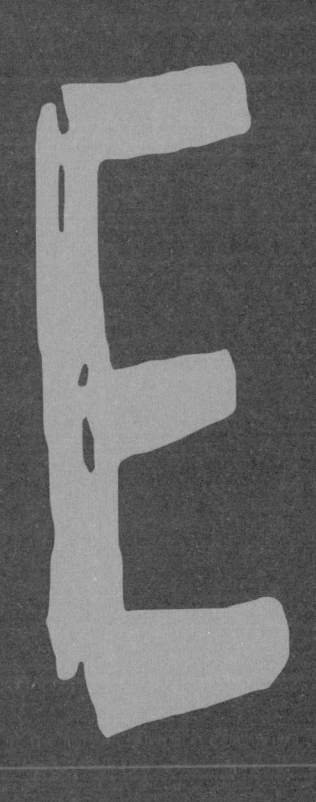

Quando a fase é ruim,
o jeito é suar mais.

ZICO

O uniforme de algodão dos anos 1980 era
terrível, abafado. Eu corria o jogo inteiro só para
pegar um vento pelos furinhos da camisa,
para tentar dar aquela refrescada.

ADÍLIO

Esporte é futebol. O resto é educação física.

ANÔNIMO

Qualquer resultado é aceitável no futebol —
só a falta de esforço é inaceitável.

CARLOS ALBERTO TORRES

Um time vitorioso é o que age como uma matilha
faminta, perseguindo a bola como um bom naco
de carne.

DORIVAL KNIPEL, *O YUSTRICH*

Time que quer avançar na Libertadores não
pode temer altitude nem fundo do mar.

JOEL SANTANA

O pênis é um músculo que cresce nos momentos
decisivos embora normalmente possa parecer
frouxo e sem vontade. Algo assim como o time
do Palmeiras.

LUIS FERNANDO VERISSIMO

O Campeonato Brasileiro anda tão longo
que devia ser disputado por pontos andados,
para que os corridos não fiquem tão exaustos
ao fim da temporada.
MARCO BIANCHI

Nada cai do céu, só chuva.
MIRA FORMIGA

Em campo não se pode acomodar nunca.
No futebol, a bola pune.
MURICY RAMALHO

O mundo inteiro está ansioso por descobrir
quem manda mais: se o futebol-arte
ou o futebol-saúde.
PEDRO ZAMORA

Em futebol acontece de o clube fingir que paga
e o jogador fingir que joga.
VAMPETA

REPÓRTER: Qual o segredo dessa longevidade?
WINSTON CHURCHILL, 90 ANOS: O esporte,
meu caro, o esporte. Jamais o pratiquei.

Jogador que luta incessantemente pela bola recebe dois tipos de análise crítica: nas vitórias, polivalente; nas derrotas, peladeiro.

ZÉ ROBERTO PADILHA

F de *Fanáticos*

A morte não exime ninguém
de seus deveres clubísticos.

NELSON RODRIGUES

Ganhei minhas primeiras chuteiras aos 14 anos.
Fiquei tão emocionado que andei o dia inteiro
com elas e dormi calçado.

ADEMIR QUEIXADA

Passam os regimes. Passam as revoluções.
Passam os partidos. Passam os generais ou
os bacharéis. Pouco importa. O Brasil resistirá
à passagem de todos eles. Mas se um dia
passar o futebol, ai de nós!

ALCEU AMOROSO LIMA

Mulher e futebol são uma calcinha de surpresas.

ÂNGELA BISMARCHI

Quem tem dois times, não tem nenhum.

ANÔNIMO

Cinco dias você trabalhará, como diz
a Bíblia. O sétimo dia é do Senhor. O sexto
é para o futebol.

ANTHONY BURGESS

Brasil, o país onde política é futebol, futebol
é religião e religião é política.

ANTONIO TABET

Dizem que sou rubro-negro doente, mas não.
Sou rubro-negro saudável. Doentes são os
torcedores de outros times que não o Sport,
que não souberam escolher.
ARIANO SUASSUNA

O futebol é, dentre as coisas menos importantes,
a mais importante.
ARRIGO SACCHI

Na vida, eu aprendi que a gente tem de sofrer
por futebol, não por amor.
BOB MARLEY

Dizem alguns que jogadores de futebol são
escravos. Bom, se isso é escravidão, quero uma
sentença perpétua.
BOBBY CHARLTON

Futebol, religião e política não se discute,
se estapeia.
CARLOS CASTELO

Futebol é uma religião sem mensagens
de salvação.
CHRISTIAN BROMBERGER

Minha mãe tentava me empurrar bonecas
e eu arrancava a cabeça delas para chutar.
Tudo era bola.

CRISTIANE ROZEIRA

Nunca nego um autógrafo, foto ou abraço
a um pequeno fã — eu já fui um deles.

CRISTIANO RONALDO

Os fãs de um clube podem cantar ameaças
selvagens ou insultos grosseiros num tom
de voz alegre, amistoso, ou até sentimental,
de acordo com a melodia.

DESMOND MORRIS

Na vida tudo muda, menos a sua mãe e o clube
pelo qual você torce.

DIEGO SIMEONE

Nasci numa família de gremistas fanáticos,
menos meu pai que não dava bola para futebol.
Ele adorava Campari, a bebida vermelha,
o que fazia toda família olhar desconfiada
para aquele velho.

EDUARDO BUENO, *O PENINHA*

O maior jogo de futebol da história foi um
GreNau com U: o Grêmio x Náutico de 2005.

EDUARDO BUENO, O PENINHA

Sempre fui mulher de coragem, mas me torno
uma covarde no futebol. Não consigo ir a
nenhum jogo do meu clube. Quando o Flamengo
joga, sofro tanto que prefiro nem ver.

ELZA SOARES

Gostar de esportes faz um certo sentido —
se você é uma criança de 7 anos.

FRAN LEBOWITZ

Sempre que vejo pessoas nas ruas a gritar,
"nós vencemos, nós vencemos", eu me pergunto:
nós quem? Eles venceram. Você ficou no sofá
bebendo cerveja.

FRAN LEBOWITZ

Ser gremista é saber que, como no bom
churrasco, a melhor carne está perto do osso.

HUMBERTO GESSINGER

O verdadeiro torcedor é um animal pensante
doméstico. Não vai aos jogos.

IVAN LESSA

O verdadeiro torcedor gasta seu dinheiro em
jornais, publicações especializadas, cadernos em
espiral e canetas esferográficas. E uma tesoura
razoável. Recortar é viver, este seu lema.

IVAN LESSA

A devoção a um time é difícil de justificar, já que
os jogadores mudam toda temporada. Torcemos
assim para peças de roupa. Queremos que a
camisa da minha cidade vença a camisa de outra
cidade. Torcemos, no fim das contas, por um
punhado de roupa suja.

JERRY SEINFELD

Quando o juiz soprar o apito, estará em jogo
a sorte de dois partidos políticos, os mais fortes
de Minas Gerais — o Atlético e o Cruzeiro.

JOÃO ANTÔNIO

Cruzeiro versus Atlético é a pequena guerra
civil mineira.

JOÃO ANTÔNIO

Time de futebol e escola de samba você não
escolhe, você é escolhido por eles. Um dia você
passa por aquelas cores, seu corpo muda
de temperatura, e já era.

JOÃO BOSCO

Meu único pedido a Deus seria: por favor não me
leve embora entre a primeira e a segunda partida
de uma disputa de mata-mata.

LEANDRO IAMIN

O botafoguense é uma ilha. A criança
botafoguense em colégio é ilhada. Estudei em
turmas que tinham 40 torcedores do Flamengo,
do Vasco, do Fluminense, e no máximo dois
botafoguenses. É um pacto com a solidão.

LUIZ ANTONIO SIMAS

O torcedor bota toda sua esperança no time
que ama. Vocês não sabem o que é um moleque
pobre esperando o gol para vingar a vida que
não vai bem.

MANO BROWN

No fundo o torcedor quer que o jogador seja
melhor que ele. O jogador representa-o, seu
clube, sua cidade, seu estado, sua pátria.
A derrota do jogador é a derrota do torcedor.

MARIO FILHO

Futebol não é só amar um time e um drible.
É detestar a camisa alheia, é desbotar a cor rival.

MAURO BETING

A vida não é uma partida de futebol. Mas há
partidas maiores que a vida.

NEI CONCEIÇÃO

A paixão pelo futebol traz um bocado de
sofrimento e, bem ocasionalmente, momentos
de alegria transcendental.

NICK HORNBY

Existem os alcoólatras do futebol, os viciados
irreversíveis, membros duma sociedade fanática,
homens que adoram a Bola como os fenícios
adoravam Baal.

PAULO MENDES CAMPOS

Se houver uma camisa preta e branca pendurada no varal durante uma tempestade, o atleticano torce contra o vento.
ROBERTO DRUMMOND

Poucas instituições são tão abrangentemente nacionais quanto o Flamengo. A Igreja Católica, sem dúvida, e, talvez, o jogo do bicho. E olhe que o Flamengo não promete a vida eterna nem o enriquecimento fácil.
RUY CASTRO

A Fifa criou a morte súbita para eliminar os cardíacos, todos os cardíacos do planeta.
SÉRGIO NORONHA

O futebol é o balé da classe trabalhadora.
SIMON CRITCHLEY

O micróbio do futebol é mais virulento e mais persistente do que qualquer outro do gênero.
WILLIAM PICKFORD

Futebol não é uma questão de vida ou morte.
É muito mais que isso.

WILLIAM "BILL" SHANKLY

Homem que é homem muda até de sexo,
mas não muda de time.

XICO SÁ

DE *Goleiro*

Maldito é o goleiro. Onde ele pisa não nasce grama.

DON ROSSÉ CAVACA

Lembro mais dos gols que fizeram em mim
do que dos chutes que agarrei.

AMADEO CARRIZO

O bom goleiro é como filho de político:
está sempre bem colocado.

ARY TOLEDO

Muitos goleiros na hora do pênalti se tornam
gloriosos simplesmente por receber a bola
em pleno peito. Variação do herói militar que
defende a pátria oferecendo o peito a balas.
E que sobrevive.

CHRISTOPHE BARBIER

A bola veio quicando toda irregular no gramado:
tique e taque, tique e taque. Pulei no tique e ela
entrou no taque.

EVERALDO LUMUMBA

O goleiro é a joia da coroa, e chegar até
ele deveria ser quase impossível.

GEORGE GRAHAM

Depois de tantos anos dividindo quartos de
hotel, a gente passa a saber exatamente o que
o outro jogador está pensando; o que ele pensa
que a gente está pensando; e o que ele quer que
a gente pense que ele está pensando.

GILMAR RINALDI

Não há inimigo maior para o atacante do que o
goleiro, o guarda-metas, o arqueiro, o *keeper* —
assim como Lúcifer, seus nomes são infinitos.

HERNÁN CASCIARI

Às vezes, o que passa entre as pernas do goleiro
não é a bola, mas a tragédia.

JOSÉ PAULO KUPFER

Oliver Kahn soltou nos pés de Ronaldo. E a bola,
cheia de amor, pedindo me chuta, me chuta,
me chuta. E ele respondeu com amor. Só tocou,
rolando para o fundo do gol alemão...

JOSÉ SILVÉRIO, DURANTE A NARRAÇÃO DA FINAL
DA COPA DE 2002 ENTRE BRASIL E ALEMANHA

Todo gol é um erro do goleiro. Mesmo que ele
não ache isso, alguém há de achar.

JOSEPH-ANTOINE BELL

Há certas coisas na vida que a gente não pode
deixar passar. Principalmente se for goleiro.
MAX NUNES

O centroavante é o goleiro do avesso.
MIRANDINHA

No Brasil, a pena máxima por um crime é de
30 anos de cadeia. Há quase 50 anos pago por
um crime que não cometi.
MOACYR BARBOSA, GOLEIRO DA COPA DE 1950

O pior momento para o goleiro é quando
a bola entra e todos os outros jogadores lhe dão
as costas, após aquele olhar de desdém.
OLIVER KAHN

O centroavante é o espantalho dos goleiros.
PEDRO ZAMORA

Se um dos goleiros em campo está ficando calvo,
o jogo é da liga italiana ou da segunda divisão.
ROBERTO CASCIARI

O goleiro, mais do que ninguém, entende que
a bola corre mais que os homens.

ROBERTO DAMATTA

Goleiro que vaza goleiro, seu irmão de ofício,
sofre um castigo a mais, além dos infortúnios
óbvios da função mais ingrata da existência.

XICO SÁ

H
DE *Habilidade*

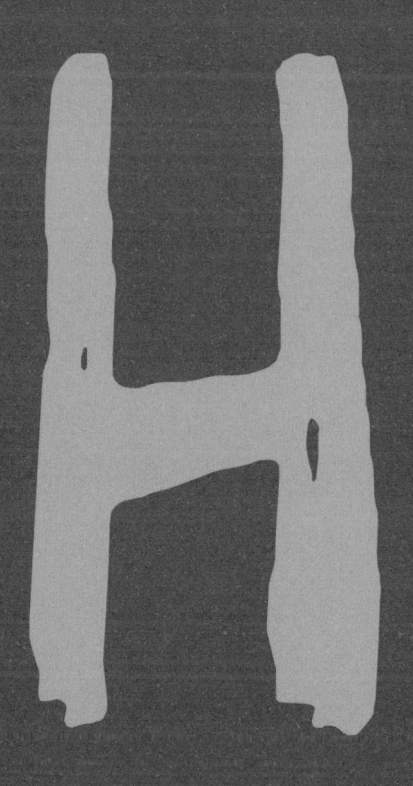

No futebol, matar a bola
é um ato de amor.

ARMANDO NOGUEIRA

O passe é mais eficiente que a correria.
A bola não sua.
ADÍLIO

O bom jogador vê, o craque antevê.
ARMANDO NOGUEIRA

Se Deus quisesse que o futebol fosse jogado pelo alto teria posto grama no céu.
BRIAN CLOUGH

Nunca aprendi a jogar futebol. Perdi muito tempo fazendo gols.
DADÁ MARAVILHA

Se não tratarmos a menina com carinho, ela não obedece.
DIDI

Não é o jogador que para com o futebol, é o futebol que para com o jogador.
DOUTOR SÓCRATES

Tem jogador que ajeita a bola e não chuta. Parece que é gago do pé.
EVARISTO DE MACEDO

A principal qualidade do grande jogador
é ser surdo.

EVERALDO

As muito ruins que me perdoem, mas saber
jogar é fundamental.

FLÁVIO FONSECA, *TREINADOR DO TIME FEMININO
DO INTERNACIONAL, EM 1985*

Craque é aquele que consegue sair jogando
com a bola quando todo o estádio já está
exigindo o chutão do meio da rua.

FRANCISCO "PACHO" MATURANA

O jogador precisa saber que futebol é como
perfume: um dia você tem no corpo, no outro
dia não tem mais.

FRIAÇA

O craque trata a bola por você, e não
por excelência.

GENTIL CARDOSO

O Nelinho tinha um chute tão perigoso que
eu vi um goleiro armar uma barreira quando
ele ia bater o córner.

JAIR PEREIRA

Uma resposta sobre quem é o melhor jogador de futebol do mundo depende de dois aspectos da pergunta: a quem ela é feita, e em que semana.
JORGE VALDANO

É mais fácil fazer um jogador técnico marcar que um caneleiro jogar.
LEVIR CULPI

Se alguém digitasse os dados físicos do Maradona num computador e perguntasse que função ele devia desempenhar em campo, o computador provavelmente responderia "gandula".
LUIS FERNANDO VERISSIMO

Na hora de bater um pênalti, toda a vida de um jogador passa diante dos seus olhos. Menos, claro, a parte em que ele treinou cobrança de pênalti.
LUIS FERNANDO VERISSIMO

O amor mais puro pelo futebol não se manifesta no craque, mas no pereba. O cabeça de bagre redime a humanidade.
LUIZ ANTONIO SIMAS

Não adianta, seu Zizinho. Não dá a bola assim
na cara do gol, que não sei o que fazer. Prefiro
que o senhor mande a bola mais para os beques,
eu vou lá e divido com eles.

MANOEL PEREIRA, O LEÔNIDAS DA SELVA

Só o jogador medíocre faz futebol de primeira.
O craque, o virtuose, o estilista, prende a bola.
Sim, ele cultiva a bola como uma orquídea
de luxo.

NELSON RODRIGUES

O pênalti é uma coisa tão fácil que pode ser
cobrado até pelo presidente do clube.

NENÉM PRANCHA

Quem corre é a bola. Senão, era só fazer um time
de batedor de carteira.

NENÉM PRANCHA

Os pés são a parte do corpo mais íntima
e pessoal, e não os genitais, ou o coração,
nem mesmo o cérebro — órgãos insignificantes
e supervalorizados.

OLGA TOKARCZUK

Os atacantes e os ursos pandas são espécies
em extinção.

ROBERTO FONTANARROSA

O problema de jogar em time galáctico
é que você passa a ser visto como um
extraterrestre. E precisa provar isso aos
torcedores todo domingo.

RONALDO NAZÁRIO

Não acredito que habilidade seja, ou algum dia
será, resultado dos treinadores. É o resultado
do amor entre um garoto e uma bola.

ROY KEANE

No futebol a cabeça é o terceiro pé.

STANISLAW PONTE PRETA

Quem não sabe cabecear é meio atacante.

TELÊ SANTANA

Nenhum jogador e time entram em campo
pensando em dar espetáculo, e sim para vencer.

TOSTÃO

Futebol é uma orquestra onde nem todos podem tocar violino.

VANDERLEI LUXEMBURGO

O fracasso permanente é a glória do Íbis.
Eu cobri muitos treinos como repórter esportivo,
e não vi a equipe ganhar nem do time reserva.

XICO SÁ

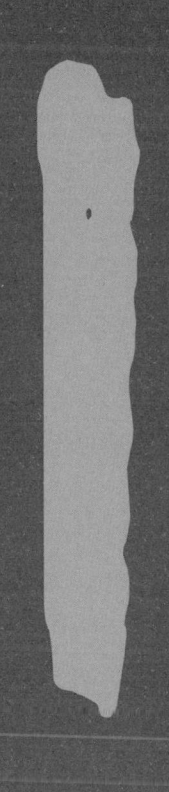

DE *Indomáveis*

Em 1969 eu larguei
as mulheres e o álcool.
Foram os piores vinte
minutos da minha vida.

GEORGE BEST

Jogador concentrado em pleno carnaval faz lembrar a Monga, a mulher-gorila dos parques de diversões, desesperada para se libertar daquela jaula.

ALÊ OLIVEIRA

Fui um garoto franzino e doente, com problemas de saúde quando garoto. Mas meu gênio foi sempre o de revidar.

ALMIR PERNAMBUQUINHO

Certos jogadores têm uma conduta exemplar. Não fumam, não bebem, não jogam.

ANÔNIMO

Garrincha foi um pobre e pequeno mortal que ajudou um país inteiro a sublimar suas tristezas. O pior é que as tristezas voltam, e não há outro Garrincha disponível.

CARLOS DRUMMOND DE ANDRADE

Não existe gol feio, feio é não fazer gol.

DADÁ MARAVILHA

Tem gente que entra na área e fica tudo escuro. Para mim, dá aquele clarão.

DADÁ MARAVILHA

Sou um jogador que deu alegria ao povo,
e isso me basta e sobra.

DIEGO MARADONA

Na clínica de reabilitação, havia um que achava que era Robinson Crusoé. Mas ninguém acreditava quando eu dizia que era Maradona.

DIEGO MARADONA

O sucesso é uma grande mentira. Especialmente no futebol.

DOUTOR SÓCRATES

O líder se vê no pênalti. É aquele que pede para cobrar no último minuto, quando o time precisa; e aquele que deixa outro bater, quando o jogo já está ganho.

DOUTOR SÓCRATES

O craque do meu time, atrasado? Você está enganado. Esses outros apressadinhos que chegaram cedo demais para trabalhar.

ELBA DE PÁDUA LIMA, O TIM

Sempre tive diálogo com qualquer jogador e não tive problema de relacionamento com nenhum craque. Lobo não come lobo.
ÊNIO ANDRADE

Gastei um monte de dinheiro em bebidas, garotas e carros velozes. O resto eu desperdicei.
GEORGE BEST

Se você me fizesse escolher entre passar por quatro jogadores e marcar um golaço contra o Liverpool ou ir para a cama com a Miss Universo, seria uma escolha difícil. Felizmente, eu fiz os dois.
GEORGE BEST

Ninguém precisa de uma faixa de capitão no braço para liderar seu time até a vitória.
HOPE SOLO

Renato Portaluppi: um gaúcho que sonhava ser carioca.
HUMBERTO GESSINGER

Com craque, a relação é simples: você não atrapalha a vida dele que ele não atrapalha a sua.
JAIR PEREIRA

Você joga futebol com a sua cabeça. Suas pernas estão lá apenas para ajudá-lo.

JOHAN CRUYFF

Neymar é um atacante cinematográfico. Há noites, porém, que ele só nos lembra "Um corpo que cai", de Alfred Hitchcock.

JORGE MURTINHO

Durante a ditadura, muitos músicos e artistas foram presos, torturados e mortos no Chile. Comigo havia um certo pudor — se eles me pegassem, no domingo seguinte o Colo-Colo jogaria com dez.

LEONARDO VÉLIZ

Ditaduras criam circos para o povo, e nós, jogadores de futebol, fizemos lamentavelmente parte disso. Sei que fui um palhaço naquele circo, mas um palhaço consciente, que ajudava o povo a sorrir diante da dor.

LEONARDO VÉLIZ

Centroavantes, toureadores velhos e mercenários,
você os conhece de longe. São sobreviventes de
profissão. Estiveram com a morte e voltaram,
e têm as cicatrizes para provar.

LUIS FERNANDO VERISSIMO

No México, fomos um dia na embaixada, todo
mundo de roupa bonita para ver o embaixador.
Um frio danado. Aí eu falei: "Quem se jogar de
roupa na piscina eu dou 50 dólares". Eu queria
era ver o Zagallo. Pro Zagallo eu dava até 500
dólares porque ele não tomava banho mesmo.
O Jairzinho foi e tive de pagar, mas ele ficou duro
que nem uma pedra de gelo. Eu ria pra danar.

MANÉ GARRINCHA

Os vizinhos me chamavam de mulher-macho,
pois eu era a única que jogava com os meninos.
Eu preferia que me dessem um tapa do que
zombassem de mim com aqueles apelidos.

MIRA FORMIGA

Serginho Chulapa defendia seu escudo
com raça, como se defendesse seu castelo
de invasores ferozes.

NANDO REIS

Se Deus é dez, futebol são 11.
NEI CONCEIÇÃO

Jesus deve dar força para muitos times brasileiros. Sai gol dos dois lados e sempre apontam para ele no Céu.
NEI CONCEIÇÃO

O PC Caju é tão inteligente que deveria ser responsável por recepcionar os extraterrestres em caso de invasão da Terra.
NILSON PRIMITIVO

Se saio à noite com mulheres, sou boêmio. Se não saio, sou veado. O que fazer?
REINALDO

Quando tem agito aqui em casa, até o Cristo Redentor tapa os olhos.
RENATO GAÚCHO

O artilheiro é o tubarão do futebol: ele tem faro de sangue.
ROBERTO FONTANARROSA

Quem precisa ter uma boa imagem é televisão.
ROMÁRIO

Só tem dois tipos de gols que não faço:
gol olímpico, porque não bato escanteio;
e gol contra, porque não volto para marcar.

TÚLIO MARAVILHA

Os médicos me falaram: você não morreu
porque é ex-atleta. Se fosse outra pessoa,
com a quantidade de drogas que usou e tudo
ao mesmo tempo, seu coração teria explodido.

WALTER CASAGRANDE

Craques e loucos, assim como os gatos,
têm sete vidas.

XICO SÁ

Nunca fui a missa pedir para ganhar uma
partida. Só vou quando um amigo morre.
Não envolvo os santos nesse troço.

ZIZINHO

Você nunca marcará um gol de peixinho
se mantiver seus pés fincados no chão.

ZLATAN IBRAHIMOVIĆ

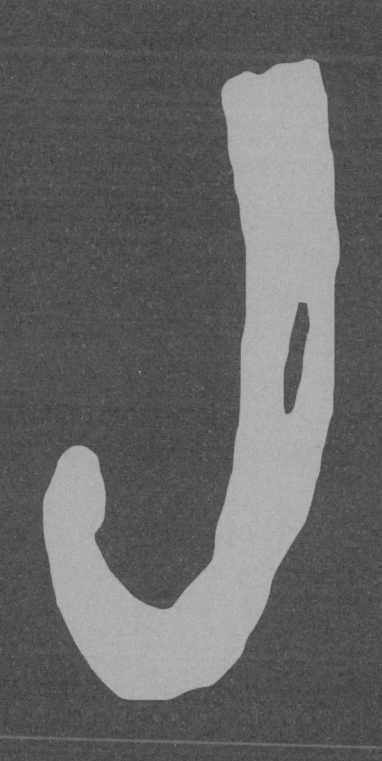

DE *Juiz*

A grande área é o cemitério
dos árbitros.

ARNALDO CEZAR COELHO

A alegria de quem está apaixonado /
É como a falsa euforia de um gol anulado.
ALDIR BLANC

Quando o juiz marca uma falta, corre meio
time para bater. No pênalti, sai todo mundo
de fininho e acaba sobrando para você.
ANDRADE

Todo pai sonha em ver o filho dentro
de um campo de futebol. Toda mãe reza
para que ele não seja o juiz.
ANÔNIMO

Não sou violento, e não é por ser faixa-preta que
vou apitar melhor do que ninguém. O Armando
Marques foi um dos nossos melhores árbitros
e nunca usou seu físico para se impor.
CARLSON GRACIE

Quando é mal utilizado pela arbitragem, o VAR
é uma camisinha na emoção do torcedor.
JAIR PEREIRA

Rever as marcações do juiz por um telão no
estádio é mais uma tentativa de solapar a cultura
nacional. E o juiz ladrão, como fica? Alguma
entrevista do técnico ou cartola perdedor teria
graça, sem poder haver juiz ladrão?

JOÃO UBALDO RIBEIRO

Se disser o que penso de algumas arbitragens
não inicio a próxima temporada no banco.

JORGE JESUS

Juiz caseiro, como o camaleão, toma
a cor do ambiente.

JOSÉ ARAÚJO

Para o brasileiro, o juiz é uma espécie de bobo
da corte em meio à realeza em chuteiras.

LEONEL KAZ

O bom árbitro só rouba em legítima defesa.

LUIZ CARLOS CABELADA

Juiz precisa ter bom senso. Se a gente expulsa
três jogadores, acaba o jogo. Se não expulsa,
o espetáculo se torna violento.

LUIZ CARLOS CABELADA

Se o jogador estiver em condições, pode voltar para o jogo.
MÁRIO VIANNA, NA COPA DE 1954, APÓS NOCAUTEAR UM ITALIANO COM UM SOCO NO QUEIXO, EM SUÍÇA X ITÁLIA

No campo da Portuguesa da Ilha, o vento sopra a favor e o juiz, contra.
MAX NUNES

O pior cego é o que anda de apito na boca.
MAX NUNES

Seu time está apto ou apito para ganhar no domingo?
MAX NUNES

O puxão de camisa é o batom na cueca do futebol.
MILTON LEITE

Nenhum juiz dá pênalti nem expulsa ninguém nos primeiros 15 minutos.
MOISÉS

Impedimento é censura.
NEI CONCEIÇÃO

Naquele Atlético x Botafogo, no Mineirão,
perdemos a Taça Brasil de 1969 no cara ou coroa.
Ninguém acredita. O juiz jogou a moeda e eles
já saíram comemorando.
PAULO CÉZAR CAJU

No nosso futebol, a regra é uma caixinha
de surpresas.
PAULO VINICIUS COELHO

O árbitro inteligente não apita o que vê.
Apita só o que o estádio enxergou.
ROMUALDO ARPPI FILHO

A gente é juiz apenas por 90 minutos.
Depois é réu.
VALDOMIRO MATIAS

No futebol os senhores de apito atendem pelo
nome de árbitros. Durante a partida, atendem
por outros nomes também.
WASHINGTON OLIVETTO

O problema dos árbitros é que eles sabem
as regras mas não conhecem o jogo.
WILLIAM "BILL" SHANKLY

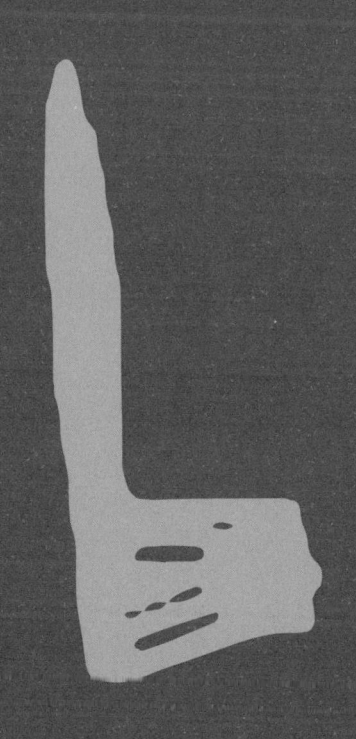

DE *Literatura*

O campeonato, no fim das contas, se resume na decisão. É um romance quase policial. A diferença é que na última página não se descobre o criminoso, mas o herói.

MARIO FILHO

Os críticos, como os bandeirinhas, correm
do lado de fora do campo.

CARLOS EDUARDO NOVAES

Futebol é o triunfo da inspiração sobre o método;
é a vitória do atalho sobre a estrada.

CARLOS POLIMENI

Existe o futebol de esquerda e o de direita.
No de esquerda, o mais importante é oferecer
um espetáculo e respeitar as pessoas; no de
direita vale o preceito de que "a vida é só luta",
e impera a obsessão do triunfo.

CÉSAR LUIS MENOTTI

Futebol parecer-se com balé? O futebol tem uma
beleza própria dos movimentos que não precisa
de comparações.

CLARICE LISPECTOR

Sabemos que Édipo matará o pai, Romeu e Julieta
não viverão felizes para sempre, Desdêmona
morrerá nas mãos de Otelo — mas e no jogo
do meu time, de que lado estarão os deuses?

CRISTOVÃO TEZZA

Os jogadores que não erram, que não têm
partidas medíocres ou infelizes, só existem
na memória sentimental dos torcedores.

DÉCIO DE ALMEIDA PRADO

Enquanto a raça humana for capaz de se preocupar
com algo mais do que a sua mera sobrevivência,
o futebol terá o seu lugar neste mundo.

DESMOND MORRIS

Minha ideia de paraíso é uma linha reta
em direção ao gol.

FRIEDRICH NIETZSCHE

Não acredito em sociólogo no Brasil que não
tenha as calças puídas pelas arquibancadas.

GABRIEL COHN

O futebol é o antiteatro. Sua organização tem
de ser repensada a cada instante.

GERALD THOMAS

Certos livros sobre futebol merecem ao menos
uma leitura em diagonal 4-2-4.

IVAN LESSA

Nenhuma invenção, nenhuma narrativa
ficcional, nada do que se tem criado, carrega em
si a dimensão humana das histórias reais vividas
dentro e fora dos estádios de futebol.

JOÃO MÁXIMO

Uma nação se faz com homens, livros
e embaixadinhas.

JOAQUIM FERREIRA DOS SANTOS

Quando você não joga futebol para fazer gols,
você abandona a arte.

JORGE AMADO

O homem deixou de jogar xadrez e passou a jogar
futebol. É um símbolo da degradação social.

JORGE LUIS BORGES

Todos falam de futebol e poucos o entendem
de forma correta, então fazem de um triunfo ou
de uma derrota uma questão de vida ou morte.

JORGE LUIS BORGES

O intelectual brasileiro não sabe bater
um escanteio.

JOSÉ LINS DO REGO

O pênalti e o minuto de silêncio são os momentos mais solenes do futebol. O minuto de silêncio só dura mais.

LUIS FERNANDO VERISSIMO

A minha pátria é um gole de cerveja para comemorar um gol sem importância.

LUIZ ANTONIO SIMAS

O futebol tem as suas esquinas do destino, como tudo o mais.

LUIZ MENDES

Alguém que só sabe de futebol,
nem de futebol sabe.

MANUEL SÉRGIO

O campo de futebol é onde o improvável e o impossível marcam de se ver.

NEI CONCEIÇÃO

Reclamar de futebol monótono é um pouco como reclamar do final triste de "Rei Lear": de algum modo é perder o espírito da coisa.

NICK HORNBY

O Botafogo é o time que Deus esqueceu.
NÍLTON SANTOS

O transcorrer de um jogo de futebol é um rio catastrófico de mil possibilidades, a nos arrastar com ele.
NUNO RAMOS

O Botafogo põe gravata e vai à macumba cuidar de seu destino; eu meto o calção de banho e vou à praia discutir com Deus.
PAULO MENDES CAMPOS

Só o jogador de futebol morre duas vezes.
A primeira, quando para de jogar.
PAULO ROBERTO FALCÃO

Nelson Rodrigues escreve sobre as 120 mil almas no Monumental de Nuñez no dia do Brasil x Argentina. É bonito, só que não havia 120 mil almas, porque no Monumental nunca houve espaço para tantos espectadores.
PAULO VINICIUS COELHO

O único escritor brasileiro até hoje a ter
uma reação lúcida com relação ao futebol foi
Lima Barreto, que era louco.

RAFAEL CARDOSO

Dizer que o futebol são 22 homens a correr atrás
de uma bola equivale a dizer que o violino é um
pedaço de madeira, ou que "Hamlet" é um monte
de folhas com tinta.

RICARDO ARAÚJO PEREIRA

Torcer por time de massa é ler apenas
os best-sellers.

SÉRGIO AUGUSTO

O futebol pode espelhar a vida, mas a recíproca,
por razões que ignoramos, não é verdadeira.
Há entre os dois uma assimetria, um
descompasso no qual não me surpreenderia
que coubesse toda a tragédia da existência.

SÉRGIO RODRIGUES

Se o futebol estivesse baseado na razão,
não existiria razão para existir futebol.

VICENTE VERDÚ

Hay dias que no sé lo que me pasa.
Eu abro meu Neruda e apago o sol.
Misturo poesia com cachaça
E acabo discutindo futebol.

VINICIUS DE MORAES

Dispa-se, rapaz, e enfrente, mesmo no frio cortante, o infortúnio de cair, mas pense: há coisas piores que tombar no chão, afinal, a vida não é nada mais do que um jogo de futebol.

WALTER SCOTT

Na disputa pela bola, dentro de um campo de futebol, não tem certo nem errado.

WILSON GOTTARDO

A poesia, como a firula, é inútil, inútil na sua beleza, e basta.

XICO SÁ

M
DE *Multidões*

Nas arquibancadas
do Maracanã, o mais fino
gentleman se torna
o mais sórdido canalha.

ZÓZIMO BARROZO DO AMARAL

O Maracanã é um estádio de espírito.

ARTHUR DAPIEVE

Nós brasileiros sem futebol não existimos, como a Espanha não se concebe sem a tourada.

BETTY MILAN

Deixei de acreditar em Deus no dia em que vi o Brasil perder a Copa do Mundo no Maracanã.

CARLOS HEITOR CONY

Duzentas mil pessoas viram quando Ghiggia fez o segundo gol do Uruguai. Foi um lance claríssimo, sem qualquer confusão que pudesse suscitar dúvidas. Pois bem: depois do jogo, não encontrei uma só pessoa que descrevesse aquele lance da mesma maneira. Então, como acreditar na versão de meia dúzia de apóstolos, os poucos que viram Cristo ressuscitar, meio na penumbra, num local ermo e obscuro?

CARLOS HEITOR CONY

Estádio vazio é uma coisa atroz. Jogar sem público é como jogar num cemitério.

DIEGO MARADONA

Gostamos da noite, mas gostamos muito mais
de jogar futebol. Eu nunca cometeria o erro
de trocar um estádio transbordando por uma
mísera noite de loucura.

DIEGO MARADONA

Para ter uma noção de como é certa sociedade,
basta visitar o pronto-socorro, a cadeia e o
estádio de futebol da cidade.

DRAUZIO VARELLA

Jogar futebol sem torcida é como bailar
sem música.

EDUARDO GALEANO

Se algum dia me virem dentro de um estádio
de futebol, é porque estão arrastando as pessoas
para lá, e alguém está apontando uma arma
para minha cabeça.

FRAN LEBOWITZ

Um cachorro-quente no estádio é melhor
que um filé no Ritz.

HUMPHREY BOGART

O Maracanã já foi do povo, tentou ser da elite
e hoje é de ninguém.
JOÃO MÁXIMO

Não desacredito que, em breve, alguém
proponha multar o time que der olé, e o torcedor
que gritar olé.
JOÃO UBALDO RIBEIRO

A torcida é um monstro de mil cabeças.
JORGE VALDANO

Em toda a parte é assim. Jogo bom é o jogo
em que não te deixam entrar no estádio.
JOSÉ ONOFRE

Todo time tem uma torcida. O Corinthians
é a única torcida que tem um time.
JOSÉ ROBERTO DE AQUINO

Todo geraldino teve seu dia de gargalhar
na cara da miséria e do impossível.
LUIZ ANTONIO SIMAS

Ao escutar o Maracanã inteiro cantar "Touradas em Madri" em 1950, o compositor Braguinha foi aos prantos. De imediato, um torcedor de físico avantajado virou-se para ele com ar ameaçador e sentenciou: 200 mil brasileiros felizes e só um filho da puta de um espanhol chorando aí atrás.

LUIZ ANTONIO SIMAS

Vivi os melhores momentos da minha vida no Maracanã, e também o mais estranho: no penta brasileiro em 1992, levantei o troféu e puxei a volta olímpica, com o gramado lotado. De repente um cara pulou no meu pescoço e tentou arrancar minha correntinha.

MAESTRO JUNIOR

Todo homem tem o sagrado direito de torcer pelo Vasco em arquibancada do Flamengo.

MILLÔR FERNANDES

Na hora do último pênalti das Olimpíadas, vi o gol do Maracanã encolher até ficar minúsculo. Pensei, e agora, onde chuto a porra da bola? O que eu estou fazendo aqui?

NEYMAR

Num estádio ninguém mais é João ou José,
pedreiro ou historiador, com contas a pagar,
briga na família ou disputa com o empregador.
No estádio, uma nação surge, vibra e luta por
90 minutos, mais descontos.

NICOLAU SEVCENKO

No futebol, o gol é o pão do povo.

PAULO MENDES CAMPOS

Jogadores são pessoas, sentem medos.
Preocupam-se em falhar e parecerem bobos
na frente de 80 mil pessoas.

PEP GUARDIOLA

Toda energia que se escapa nos estádios
de futebol poderia ser revertida para melhorar
a realidade.

QUINO

Se os torcedores não vaiam o hino do adversário,
não é um jogo importante.

ROBERTO CASCIARI

Jogar por um ano no Flamengo vale como cinco anos de Botafogo, três de Fluminense e Vasco, e uns sete de América. Em prestígio e desgaste psicológico.

ZÉ ROBERTO PADILHA

Se o Maracanã fosse um bicho? Seria cachorro. Aquele estádio é o melhor amigo do homem.

ZICO

N
DE *Negócio*

O futebol é uma caixa-forte de surpresas.

AGAMENON MENDES PEDREIRA

O futebol vive uma enorme contradição.
Há cada vez mais dinheiro enquanto
o espetáculo só empobrece.
AFONSINHO

O técnico deve tratar os dirigentes como
cogumelos. Mantenham-nos às escuras
e atirem-lhes estrume com regularidade.
ANÔNIMO

Os cartolas pecam por ação,
omissão ou comissão.
ARMANDO NOGUEIRA

Os jogadores ganham muito bem para apenas
se divertirem com o futebol.
ARRIGO SACCHI

Antigamente, o futebol brasileiro exportava
todos os bons jogadores. Hoje já estamos
vendendo os ruins e os mais ou menos.
BUSSUNDA

O Brasil é um eterno janeiro. Por aqui,
compra-se e vende-se jogadores o ano todo.
CARLOS EDUARDO MANSUR

Jogador é que nem táxi — tem que rodar.

COSME CAMPOS

Clubes de futebol costumam aplicar uma
máxima um pouco diferente da consagrada pelo
império romano: vim, venci e vendi.

FRANK DUNNE

Se o torcedor sabe quanto cada jogador ganha,
é a liga espanhola. Se o torcedor sabe quem cada
jogador está pegando, é a liga argentina.

HERNÁN CASCIARI

No fundo, a diferença entre um jogador caro
e um barato é só o preço.

IBSEN PINHEIRO

Se bicho ganhasse jogo, o time do City Bank
não perdia uma.

JOÃO SALDANHA

Clubes ricos podem ser batidos. Nunca vi
um saco de dinheiro marcar gol.

JOHAN CRUYFF

Futebol e política costumam se misturar como água e sabão. Mas seria ótimo se um e outro fossem mais limpos do que são.

JUCA KFOURI

Jamais contratei um jogador sem antes olhar nos olhos. Quero saber não somente o que estou trazendo para o meu clube, mas quem.

LEO BEENHAKKER

O dirigente é aquela figura que aparece mais que o jogador, fala mais que o locutor e gasta menos que o torcedor.

LULA CARLOS

Não vivo mal nem falta comida na mesa, mas não tenho regalias. Se eu jogasse no futebol masculino, sei que não ia precisar trabalhar nunca mais.

MARTA

O futebol é o ópio do povo e o narcotráfico da mídia.

MILLÔR FERNANDES

Um repórter americano me contou a teoria
sobre a invenção da ola. Tudo teria começado
na Madison Avenue, numa grande agência de
publicidade, que bolou e coreografou tudo,
treinou os mexicanos e criou para seu cliente
a campanha vitoriosa *"Coca-Cola, la ola*
del Mundial 1986".

NELSON MOTTA

Não invejo os laterais de hoje pelos salários que
passaram a ganhar, mas pela liberdade de atacar.

NÍLTON SANTOS

Hoje a gente abre a página de futebol, parece a
de polícia. Abre a página de política, parece a de
polícia. Abre a página de polícia, parece a página
de polícia.

PAULO MARKUN

O jogador de futebol é um indivíduo
principalmente preocupado com a política
habitacional. Assim que assina um contrato,
compra logo uma casa para a mãe.

PERRY WHITE

Cartolas também são filhos de Deus.
Mas Ele nunca dispensa as provas de DNA.

WASHINGTON OLIVETTO

Em um clube de futebol existe uma santíssima trindade: os jogadores, o técnico e os torcedores. Os diretores não entram. Eles só estão lá para assinar os cheques.

WILLIAM "BILL" SHANKLY

Um clube de futebol será pequeno enquanto pequenas forem as aspirações de seus dirigentes.

ZÉ ROBERTO PADILHA

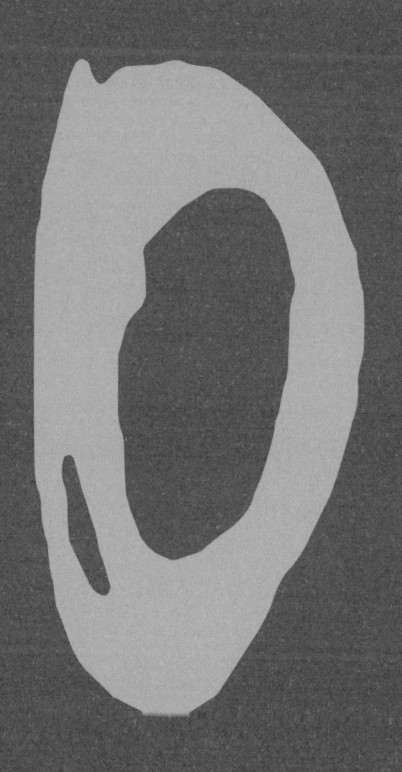

DE *Outrora*

> Há meio século, era raro uma partida terminar sem gols — 0 a 0, duas bocas abertas, dois bocejos.
>
> EDUARDO GALEANO

Logo que nos sentimos mais traquejados,
e que o número de praticantes do jogo havia
crescido, convoquei a turma para o primeiro
cotejo regulamentar. Foi em 14 de abril de
1895. Ao chegar ao capinzal, a primeira
tarefa que realizamos foi enxotar os bois
da Companhia Viação Paulista, que tosavam
a relva pacificamente.

CHARLES MILLER, SOBRE O COTEJO SÃO PAULO
RAILWAY 4 X 2 SÃO PAULO GAS COMPANY

Os indígenas não jogam a bola com a mão
ou com o punho; recebem a bola no ombro,
cotovelo, cabeça, pé e muita vez nos quadris,
e a devolvem com muita graça e agilidade.

GONZALO FERNÁNDEZ DE OVIEDO, 1526,
SOBRE JOGO VISTO NO MÉXICO

Pensa-se em introduzir o futebol, nesta terra.
É uma lembrança que, certamente, será bem
recebida pelo público, que, de ordinário, adora
as novidades. Vai ser, por algum tempo, a mania,
a maluqueira, a ideia fixa de muita gente.

GRACILIANO RAMOS, 1921

Para chegar ao soberbo resultado de transformar
a banha em fibra, vem aí o futebol. Mas por
que o futebol? Não seria, porventura, melhor
exercitar-se a mocidade em jogos nacionais,
sem mescla de estrangeirismo, o murro, o cacete,
a faca de ponta, por exemplo?

GRACILIANO RAMOS, *1921*

Todo time entra em campo com pelo menos
um ponto assegurado. Para que se arriscar
a perder dois?

HERBERT CHAPMAN, *TÉCNICO E RETRANQUEIRO DE RAIZ, 1921*

Não há rico nem pobre, nem velho nem moço,
nem branco nem preto, nem moleque nem
almofadinha que não pertença virtualmente pelo
menos, a um clube destinado a aperfeiçoar os
homens na arte de servir-se dos pés. Até bem
pouco tempo, essa habilidade era apanágio de
outra espécie animal; hoje, porém, os humanos
disputam entre si o primado nela.

LIMA BARRETO, *1921*

Quem inventou a bola com hexágonos e
pentágonos costurados foi Leonardo da Vinci,
em 1509. Tem gente que não acredita, mas
o desenho original está lá no museu
de Florença dedicado a ele.

MARIO PRATA

Em 30 de novembro de 1872, Inglaterra e Escócia
realizaram a primeira partida da história entre
seleções nacionais. O escrete inglês armou a
equipe no esquema 1-1-8, enquanto o escocês
preferiu o 2-2-6. Os jogadores embolaram-se
ao longo de 90 minutos e ninguém conseguiu
marcar um golzinho, um horror.

ROBERTO ASSAF

Não me fica bem, como estadista, viajar com
um time de futebol.

RUI BARBOSA, EM 1916, AO RECUSAR UMA
CARONA MARÍTIMA COM A SELEÇÃO BRASILEIRA

Serei, acaso, redondo assim, para me dardes
ambos pancada sem parar, como se eu fosse bola
de futebol? Sem mais nem menos, me aplicais
pontapés. A durar isso, tereis de me mandar
forrar de couro.

WILLIAM SHAKESPEARE, *"A COMÉDIA DOS ERROS"*, 1591

Para a frente, para a frente! Assim deve correr
a bola evitando bater nos obstáculos.

WILLIAM SHAKESPEARE, *"A MEGERA DOMADA"*, 1594

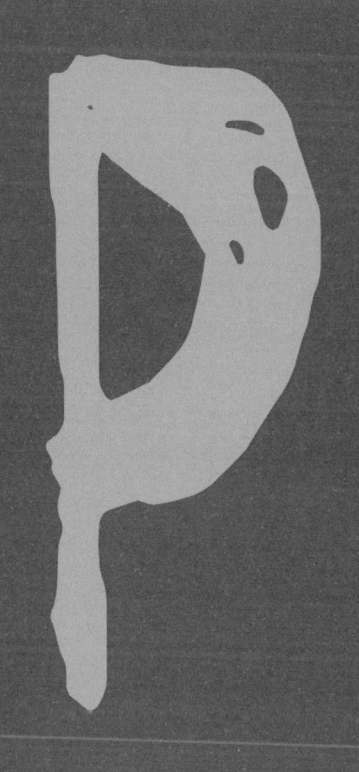

DE *Pelada*

Na pelada, a bola pode
ser uma coisa remotamente
esférica. Até uma bola
de futebol serve.

LUIS FERNANDO VERISSIMO

Jogar bola é isso, você volta a ser aquele cachorro que no fundo você é.
CHICO BUARQUE

A pelada é uma espécie de futebol que se joga apesar do chão.
CHICO BUARQUE

Na falta de bola, chutávamos lata de goiabada, pedaço de osso, peruca de mulher, chapinha de cerveja e penico de metal.
JACINTO DE THORMES

A parede é a única titular dos jogos da infância.
JORGE VALDANO

Ataque em pelada é que nem enterro de político: vai todo mundo!
MARAJARA

A mais sórdida pelada é de uma complexidade shakespeariana.
NELSON RODRIGUES

Na Grécia Antiga, os jogadores praticavam futebol nus, coisa que chamavam de Pelada.
PERRY WHITE

Quando eu era criança, não existia futebol
feminino. Por sorte, meus pais eram inteligentes:
"Olha, contanto que você se divirta, tome banho
e não destrua nada, pode ir jogar futebol".
PIA SUNDHAGE

Eu, sem jogar, sou como um recém-nascido
sem chupeta.
RUUD GULLIT

Um homem só conhece outro homem depois
que joga uma pelada com o semelhante.
XICO SÁ

Abre-se um bar no Brasil a cada dia que
se fecha um campo de pelada.
ZÉ ROBERTO PADILHA

Q
DE Quizumba

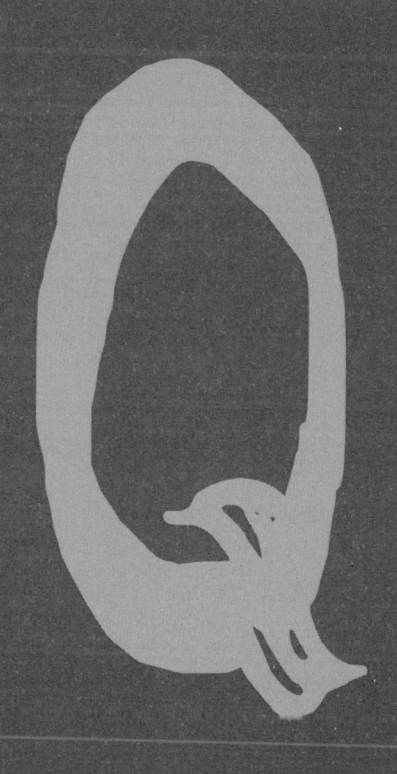

> Vocês vão ter que me engolir!
>
> ZAGALLO

Eu passava a mão nos caras, para irritar. Peguei muito popó de jogadores. Eles ficavam irritados e se perdiam, muitos foram expulsos.
ALMIR PERNAMBUQUINHO

Vencer: criar um inimigo.
AMBROSE BIERCE

A gente não pode cair em provocação, tem que ter a cabeça no lugar. Porque nós estamos em outro patamar.
BRUNO HENRIQUE, *APÓS JOGO COM O VASCO, 2019*

Sempre procurei não levar os problemas de casa para dentro do campo nem os problemas do campo para dentro de casa.
DJALMA SANTOS

No futebol, do céu ao inferno é só um palmo de distância.
DORIVAL JÚNIOR

Enquanto a gente está no time faz o que quer. Quando para de jogar, nem os porteiros do clube nos conhecem mais.
DORVAL

JOVEM JOGADOR: Não bebo, não fumo, não jogo nem sou de farras.
ELBA DE PÁDUA LIMA, O TIM: e você veio aqui para aprender tudo isso, meu filho?

O futebol seria um jogo ainda melhor se alguém inventasse uma bola que chuta de volta.
ERIC MORECAMBE

O espetáculo deve ser grandioso. Se o seu time não for capaz de conseguir uma grande vitória, faça de tudo para que ele tenha uma grande derrota.
EVANDRO AFFONSO FERREIRA

O critério de "gol fora de casa vale dois" é uma invencionice. Uma das regras básicas do futebol é a que determina que todo gol vale a mesma coisa. Feio ou bonito, sem querer ou de bicicleta, gol é gol.
JORGE MURTINHO

O gol fora valer dois transforma o futebol em aulas de matemática: sem ter feito gol fora, o time precisa fazer dois em casa para empatar e três para passar direto; se levar um, não adianta fazer três; se sofrer dois, quatro não bastam, tem de fazer cinco. E eu que fui estudar Comunicação para fugir disso.
JORGE MURTINHO

É direito sagrado invadir o campo para
comemorar a conquista do clube.
LUIZ ANTONIO SIMAS

O Zidane me disse: "vou te dar minha camisa
mais tarde"'. Respondi que preferia a irmã dele.
MARCO MATERAZZI

O casamento é o único jogo que acaba mal
sem que ninguém ponha a culpa no juiz.
MAX NUNES

TÉCNICO FOQUER: Ao receber na esquerda,
caia para a direita, deslocando o marcador do
Palmeiras. O zagueiro central correrá em cima
de você. Aí Pipi, você dribla e chuta ou entrega
ao companheiro melhor colocado.
SERAFIM "PIPI" RIBEIRO: Muito bem, gostaria
de fazer só uma pergunta: já conversou com os
adversários para eles me deixarem fazer tudo isso?
(EM 1946, DURANTE PRELEÇÃO NO CORINTHIANS)

Há palavras que podem ser mais duras
do que gestos.
ZINEDINE ZIDANE

DE *Rei*

O pênalti é um lance covarde. Parece que eu sou um pelotão de fuzilamento.

PELÉ

Entre Pelé e Garrincha, o brasileiro ficava com
o segundo porque gostamos mais dos derrotados
que dos vitoriosos.

ARNALDO JABOR

O difícil, o extraordinário, não é fazer mil gols,
como Pelé. É fazer um gol como Pelé.

CARLOS DRUMMOND DE ANDRADE

Meu filho, você tem talento para o futebol. Pode
até virar um craque, mas não vai fazer sucesso
nessa profissão se fumar ou beber. O seu corpo
não vai aguentar.

DONDINHO, *PAI DE PELÉ*

O primeiro jogo que vi no estádio foi uma vitória
do Santos de Pelé, 7 x 4 no Pacaembu. Quase tomei
ódio por aquele esporte, afinal aquilo não era
futebol. Era um balé, com bailarinos e sapatilhas.

EDUARDO BUENO, *O PENINHA*

Quando Pelé ia correndo, passava através dos
adversários como um punhal. Quando parava,
os adversários se perdiam nos labirintos que suas
pernas desenhavam.

EDUARDO GALEANO

Chamarem-me Pelé da Europa não é insulto
para mim, mas de certeza que não chamam
a ninguém Eusébio do Brasil.

EUSÉBIO

O maior jogador da história foi Di Stéfano.
Eu me recuso a classificar Pelé como um jogador.
Ele estava acima disso.

FERENC PUSKAS

Cheguei ao mundo em meados de março de 1971.
Ou seja, astrologicamente falando, eu sou do
signo México 70 com ascendente em Pelé.

HERNÁN CASCIARI

Sou o maior artilheiro humano da história do
Santos. Pelé, como se sabe, veio de Saturno.

JOSÉ MACIA, *O PEPE*

O único negro neste país que levou vantagem
com a Lei Áurea foi Pelé. Os outros continuam
na mesma.

MANÉ GARRINCHA

O Rei do Futebol faz questão de ser preto. Não para afrontar ninguém, mas para exaltar a mãe, o pai, a avó, o tio, a família pobre de pretos que o preparou para a glória. Nenhum preto, no mundo, tem contribuído mais para varrer barreiras raciais do que Pelé.

MARIO FILHO

Na cabeça de muito jogador não passa nada no momento de fazer uma jogada. Na cabeça de Pelé passa um longa-metragem.

NÍLTON SANTOS

Na outra encarnação Pelé certamente foi bola. Nenhum outro jogador tomou tanto pontapé.

OTELO CAÇADOR

Em 1958, Pelé e Garrincha eram a dupla de mais cartaz no mundo. Nem os Beatles, que eram quatro e tiveram o cuidado de aparecer depois, lhes chegavam aos pés.

OTTO LARA RESENDE

O grande presente de uma vitória não é a taça ou a joia, é o alívio.

PELÉ

Durante um ano, treinei karatê em Santos,
e lá aprendi a cair e saltar. Depois aprendi judô,
que me ajudou a aprimorar o equilíbrio e a
agilidade. Quando eu driblava os adversários,
dificilmente caía.

PELÉ

Depois da final da Copa de 1970, tomei um susto
no vestiário que nunca esqueci. Foi quando o
Pelé entrou e deu três berros: "eu não morri
não!" , "eu não morri não!", "eu não morri não!".
Parecia um leão urrando.

ROBERTO RIVELLINO

Todo jogador sempre vai ter um dia ruim, aquele
jogo em que você sente aquela inhaca, as pernas
pesadas. O Pelé eu jamais vi num dia assim.

ROBERTO RIVELLINO

O Pelé calado é um poeta.

ROMÁRIO

O que houve no Brasil x Uruguai de 1970 foi
simples: Pelé desafiou Deus e perdeu.

SÉRGIO RODRIGUES

O gol que ele não fez não é só o maior momento
da história do Pelé, é também o maior momento
da história do futebol.

SÉRGIO RODRIGUES

Senti medo, um terrível medo quando vi aqueles
olhos. Pareciam olhos de um animal selvagem,
olhos que soltavam fogo.

WOLFGANG OVERATH

Nunca vi nada mais feio que aquele pé do Pelé,
uma coisa horrível. Ele me dizia: "ah, mas esse
pé já me deu muitas alegrias". Mas é feio de doer.
Parece ter garras.

XUXA MENEGHEL

S

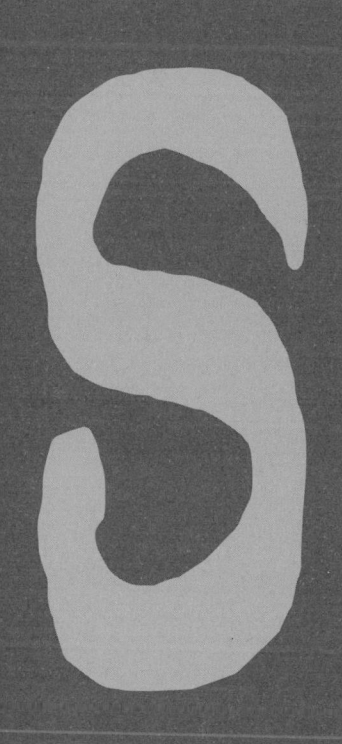

DE *Seleção*

Uma finta de Garrincha, uma cabeçada de Pelé, uma folha-seca de Didi são parábolas perfeitas do comportamento brasileiro diante dos problemas da existência. Eles maliciam, eles inventam, eles dão um jeitinho.

PAULO MENDES CAMPOS

Durante dois anos, os jogadores saíam às ruas e eram perguntados sobre a Copa, ouviam que íamos ganhar e queriam muito aquilo. No instante em que entrou o segundo gol da Alemanha, o mundo deles desmoronou.

CARLOS ALBERTO PARREIRA, SOBRE O 7 X 1 NA COPA DE 2014 NO BRASIL

Durante a Copa de 2002, eu ficava de fora debochando do peso do Ronaldo: olha o tamanho da bunda do cara! Ele então ia e acabava com o treino, metia uns dois gols. Eu respondia: ué, eu só falei da bunda dele, não falei do futebol não.

EDÍLSON CAPETINHA

Já não se perde mais Copa como antigamente.

FERNANDA TORRES

Logo eu, que proclamo ser de lugar nenhum, que manifesto ódio contra qualquer fanatismo, choro convulsivamente, berro, mordo e rezo para que aquela bola brasileira fure o gol dos adversários, dos inimigos, que derrube tudo no seu caminho, rasgue a rede e exploda o lugar pequeno que o Brasil ocupa no mundo.

GERALD THOMAS

Carnaval não mata a fome
Nem mata a sede o São João
Mas nem só de pão vive o homem
Por isso viva a seleção

GILBERTO GIL

Bota ponta na seleção, Telê!

JÔ SOARES

O treinador de seleção, para mim, não é um treinador, é um selecionador. Durante o ano não treina, seleciona.

JORGE JESUS

Se o gol é comparável a sexo, o Brasil de 1982 é o melhor pornô jamais visto.

JULIO ADLER

Em 2002, Ronaldo imitou a trajetória clássica do herói mitológico que desce ao inferno e volta para refazer a história. Voltou do abismo para refazer a final de 1998, na França. É o primeiro mortal real a retornar no tempo para corrigir a própria biografia.

LUIS FERNANDO VERISSIMO

A seleção brasileira virou caravana Holiday.
Joga hoje mais no Emirates Stadium do que
no Maracanã.

LUIZ ANTONIO SIMAS

O que sou hoje devo à Copa de 1970. Estava
com 3 aninhos no colo do meu pai, Joelmir
Beting, quando Jairzinho fez aquele gol no inglês
Gordon Banks. Meu pai pulou para comemorar,
esqueceu o filho no colo e fui aterrissar de cabeça
no aparelho de televisão.

MAURO BETING

Ninguém joga futebol tão bem quanto
o brasileiro. Isso porque o futebol e o Brasil
são iguaizinhos; não têm lógica.

MILLÔR FERNANDES

Em 1920, o governo proibiu pretos no escrete
brasileiro — como se preto fosse estrangeiro.

NEI LOPES

Brasileiros amam odiar os argentinos.
Argentinos odeiam amar os brasileiros.

WALTER VARGAS

Para formar uma seleção vencedora, você precisa ter dois ou três craques para comandar. Não é bom jogador, não. Craque, com personalidade. E tem que ter ambiente bom, se não, não adianta.

PAULO CÉZAR CAJU

O Brasil de 1982 era lindo como um deus e só por isso tinha o seu calcanhar de Aquiles. Sua fragilidade estava na própria condição de belo.

PIERO TRELLINI

Os jogadores britânicos jogam o futebol-força, viril; são touros. Os jogadores brasileiros são mais leves, dançarinos, preferem se insinuar a combater corpo a corpo; são como cobras.

RAINHA ELIZABETH 2ª

Em 1998, na final com a França, a banda começou a execução dos hinos. Estavam ali perfilados, lado a lado, 11 homens e um segredo.

ROBERTO ASSAF

Desde 1993 estive sempre com o Ronaldo no mesmo quarto da seleção. Dormi mais vezes com o Ronaldo do que com a minha mulher.

ROBERTO CARLOS

O Brasil vai ser sempre favorito. Aquela camisa amarela assusta.

RONALDO NAZÁRIO

No Brasil o povo só se levanta para gritar gol.

SÉRGIO "ARAPUÃ" DE ANDRADE

T
DE *Táticas*

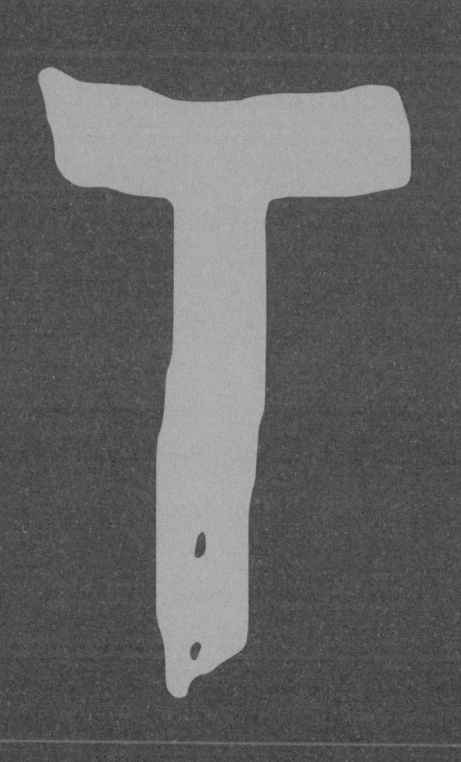

> Se concentração ganhasse jogo, o time da penitenciária não perdia um.
>
> JOÃO SALDANHA

Catimba também ganha jogo. Não é dar pontapé nem xingar. A catimba é atrasar um jogo, irritar o outro time, de pura malandragem.

ALMIR PERNAMBUQUINHO

O Mano Menezes é um técnico muito preocupado com a organização. Almocei uma vez com ele e o prato dele parecia um esquema tático: o arroz no canto, feijão no outro, e a carne separada em outro.

ANDRÉ RIZEK

O técnico de futebol faz planos e Deus ri.

ANÔNIMO

No futebol, copiar o bom é melhor que inventar o ruim.

ARMANDO NOGUEIRA

A pior função em qualquer esporte é a do reserva: a criatura só entra quando tudo vai mal.

BERNARDINHO REZENDE

Vamos ocupar as terras improdutivas das grandes cidades — a começar pelo círculo central do Maracanã, onde já não se produz nada.

BUSSUNDA

Tática em futebol é como máquina fotográfica:
a cada três meses surge uma nova, e o modelo
anterior fica obsoleto.

CARLOS BILARDO

Retranca é a tática do morcego: os 11 jogadores
pendurados na trave.

CARLOS CASZELY

O craque Didi dizia que treino é treino, jogo
é jogo. Hoje em dia treino é jogo, jogo é Copa
do Mundo.

CLÁUDIO DUARTE

Em futebol, é importante saber a hora
de não dizer nada.

CLAUDIO GENTILE

Futebol depende de tudo, e além de tudo
depende de sorte.

DÉCIO DE ALMEIDA PRADO

Sempre que um novo técnico se destaca, vem
alguém babando: ele é da escola holandesa...
Eu me divirto, afinal a Holanda ganhou quantas
Copas do Mundo para surgir tanto adepto
da escola holandesa?

DJALMINHA

Posse de bola é como estar com um porrete
na mão durante uma briga. Se o porrete está
na mão do adversário, você tem problemas.
A bola é o porrete. Prefiro ficar o máximo
de tempo com ela.

EDUARDO BARROCA

Futebol é como cobertor. Se cobre a cabeça,
descobre os pés. Se cobre os pés, descobre
a cabeça.

ELBA DE PÁDUA LIMA, *O TIM*

A bola entrar depende de quão tranquilo
e confiante você está diante do gol.

FABIO CAPELLO

Quando está tudo dando certo a gente bota
até o goleiro na ponta-esquerda e ele acaba
fazendo um gol.

FLÁVIO COSTA

Quem se desloca recebe, quem pede
tem preferência.
GENTIL CARDOSO

Minha tática para posse de bola eu resumia
como "maré, maré, jacaré, jacaré". "Maré, maré"
era tocar a bola, enquanto "jacaré, jacaré" era
dar o bote e recuperar a posse.
JAIR PEREIRA

Vale no futebol, na guerra e na vida: é mais fácil
destruir do que construir.
JACEK GMOCH

Todo treinador que defende a concentração
é um candidato a corno.
JOÃO SALDANHA

O melhor lugar para o time se defender será
na área adversária.
JOCK STEIN

Todo mundo sabe jogar futebol se alguém deixa
cinco metros de espaço.
JOHAN CRUYFF

Sucesso no futebol decorre de ordem defensiva
e desordem ofensiva, isto é: organizar defesas
e improvisar ataques.
JOSÉ GUILLERMO DEL SOLAR

O caminho mais rápido para o gol raramente
é uma linha reta.
LUÍS CASTRO

A Espanha, com seu famoso toque-toque,
nunca deixa seu centroavante sozinho.
O time chega sempre junto ao centroavante,
em comitiva, lhe traz mantimentos, notícias
de casa e conforto espiritual.
LUIS FERNANDO VERISSIMO

Chega de jogador mandioca, que fica plantado
no meio de campo.
LUIZ FELIPE SCOLARI

Armador tem de distribuir a bola igual rabo
de vaca: prum lado e pro outro, prum lado
e pro outro.
MARAJARA

Futebol não é muito diferente do boxe. É preciso
ir para cima do adversário e acuá-lo até ele cair.
MURICY RAMALHO

Futebol de resultado não costuma dar resultado.
NEI CONCEIÇÃO

O futebol atual devia ser menos atual.
NEI CONCEIÇÃO

Futebol moderno é que nem pelada. Todo
mundo corre e ninguém sabe para onde.
NENÉM PRANCHA

O futebol de hoje tem certa monotonia
de repartição pública.
PAULO MENDES CAMPOS

O técnico hoje não precisa, e nem é aconselhável,
entender de futebol: preferível que seja um duro
mestre pedreiro, capaz de construir em campo o
muro que impeça a bola de passar.
PAULO MENDES CAMPOS

Olha aqui, turma, faz de conta que a gente está enfrentando o Aymoré.

RENATO GAÚCHO, *EM 1983, NA DECISÃO DO MUNDIAL CONTRA O HAMBURGO*

Inventamos a tática da linha do impedimento por puro acaso. A seleção da Holanda apenas saía correndo em busca da bola — não temos culpa se os adversários ficavam parados lá na frente, impedidos.

RINUS MICHELS

O esquema tático é mais importante do que o próprio jogador.

VALERI LOBANOVSKI

Atacar sem disciplina é suicídio. Defender, apenas defender, é renunciar à vitória.

ZAGALLO

Uma das justificativas mais sinceras para o advento da concentração eu escutei de um técnico no Recife, muito franco por sinal: "Zé, eu não aguento a minha mulher!"

ZÉ ROBERTO PADILHA

U

DE *Uniformizadas*

Joguem como bebemos.

**FAIXA DE TORCEDORES
EM ESTÁDIOS DO BRASIL**

Quem deu o apelido de urubu aos flamenguistas
foi o Tião, dono de uma fábrica de caixas de
papelão e que inventava os cantos da Torcida
Uniformizada do Vasco, desde os anos 1940.
Houve um clássico noturno no Maracanã
e a gente gritava com raiva, pois eles haviam
roubado nosso espaço nas tribunas:
"Ô, cachorrada!" Do meio do alvoroço,
Tião decretou: "Cachorrada, não. A partir
de agora, eles vão ser urubus!".

AIDA DE ALMEIDA

Vocês me desculpem, mas isso não é banda
nem aqui nem em Caixa-Prego. Isso é uma
verdadeira charanga.

ARY BARROSO, SOBRE A BANDINHA DE
JAYME RODRIGUES DE CARVALHO EM 1942,
PRIMEIRA TORCIDA UNIFORMIZADA DO PAÍS

Estava no banheiro, olhei uns rolos de papel
higiênico e pensei que aquilo ficaria maneiro.
Peguei seis rolos e jogamos quando o Flamengo
entrou. Virou tradição.

CLAUDIO CRUZ

O samba tem muito a ensinar ao futebol.
No samba, você vai com camiseta de uma escola
à quadra de outra e agradecem sua presença.
No futebol, te matam.

CLAUDIO CRUZ

Haverá o dia em que a melhor torcida vai ser
a que tiver o melhor calibre.

CLAUDIO CRUZ

A violência que desemboca no futebol não
vem do futebol, assim como as lágrimas não
vêm do lenço.

EDUARDO GALEANO

O Senhor é meu Castor, e nada me faltará.

FAIXA DA TORCIDA DO BANGU ATLÉTICO CLUBE,
NOS ANOS 1980

Que culpa tem minha mãe se eu estou jogando
mal, moço? Ela está ali, sabia? Mamãe,
apresento aí um torcedor do Flamengo que
está xingando a senhora.

MILTON COPOLILLO, EM 1957

A torcida paga ingresso para ver o time vencer. Quem quiser ver espetáculo que vá ao Teatro Municipal.

MURICY RAMALHO

Durante um Bragantino x Palmeiras em 1989, uma briga tomou conta das arquibancadas. No meio da confusão, a torcida do Palmeiras saltou para dentro do campo na tentativa de escapar da violência. Um torcedor da Mancha Verde mordeu um cachorro da Polícia Militar.

PAULO VINÍCIUS COELHO

Como o nome já diz, torcida vem do hábito de os aficionados do futebol torcerem os simpatizantes do adversário.

PERRY WHITE

V
DE *Vídeo*

Rádios. Tevês. Gooooooooooo
ooooooooooooooooool!!!
(O domingo é um cachorro
escondido debaixo da cama).

MARIO QUINTANA

Não consigo falar dois minutos sobre futebol.
Eu gosto é de jogar.

CHICO BUARQUE

No futebol, o "se" não entra em campo.

CRISTIANO RONALDO

Jornalistas estão sempre invictos, não perdem um jogo jamais.

DANIEL PASSARELLA

Os grandes esportistas deveriam recusar-se
a dar entrevistas, da mesma forma que não
esperamos que os grandes escritores expliquem
o significado de seus novos livros através
de saltos num campo esportivo.

DESMOND MORRIS

Gosto de mesa-redonda, com todas aquelas
opiniões-enceradeira, que rodam, rodam
e não chegam a lugar nenhum.

FERNANDA TORRES

Existe um jogador chamado Biro-Biro?
Eu jurava que Biro-Biro era uma jogada,
assim como bicicleta.

FERNANDO HENRIQUE CARDOSO

REPÓRTER, NO LANÇAMENTO DO LIVRO
"ANATOMIA DE UMA DERROTA", DE PAULO
PERDIGÃO: O senhor é o autor do livro?
FLÁVIO COSTA: Não, sou o autor da derrota.

O narrador anda no fio da navalha. Tem a
emoção de um lado e, do outro, a realidade
dos fatos. Sou um misto de vendedor de
emoções e equilibrista.
GALVÃO BUENO

O peixe morre pela boca, o jornalista esportivo
pelo texto.
IVAN LESSA

Eu só acredito porque estou narrando...
JOÃO GUILHERME

REPÓRTER: A grama está boa?
JOÃO SALDANHA: Eu não provei...
(1969, NO BEIRA-RIO)

Envelhecer é uma arte. É uma dureza
perceber que a gente deixou de ser jogador
e virou comentarista.
JOMAR FARIAS

Durante um Flamengo x América em Moça
Bonita, tive uma interminável crise de soluço.
O médico Jorge da Matta estava ouvindo rádio
e ligou, receitando que eu chupasse gelo.
Arrumaram uma pedra cinzenta, toda suja
de jornal, mas não pensei duas vezes.
Parou na hora, como um milagre.

JOSÉ CARLOS ARAÚJO

Que a danação seja eterna para os que entregam
taças em teatros, com jogadores de gravata
e atores que não sabem a diferença entre uma
bola e uma ogiva nuclear.

LUIZ ANTONIO SIMAS

Todo jornalista tem o direito de torcer,
jamais o de distorcer.

MAURO BETING

No futebol, o pior cego é o que só vê a bola.

NELSON RODRIGUES

REPÓRTER: **Como o Palmeiras vai jogar?**
OSWALDO BRANDÃO: **De meias, calções e camisas.**

O futebol é extremamente democrático:
se um débil mental não pode jogar, pelo menos
pode comentar a partida.
PERRY WHITE

Um repórter me perguntou se o campo estava
pesado. E eu lá carrego o campo nas costas?
ROBERTO PINHEIRO "ZANATA"

Em grande parte, o futebol brasileiro virou o
que é por causa do esforço sobre-humano que os
jogadores tiveram que fazer para ficar à altura
das mentiras que os radialistas contavam.
SÉRGIO RODRIGUES

Não sabemos nada sobre o que ocorre dentro
dos clubes. Não sabemos a estratégia ensaiada
durante os treinamentos nem a escalação,
só divulgada uma hora antes do jogo. Ainda bem
que não nos proibiram de ver as partidas.
TOSTÃO

DE *Xerifes*

Futebol sem pressão
é pelada.

ALEJANDRO MANCUSO

Obdúlio Varella não amarrava suas chuteiras com cadarços, e sim com as veias.
ANTONIO MARIA

Muitos jogam bola, mas poucos realmente jogam futebol.
DIEGO SIMEONE

Em futebol não se apanha uma rosa sem pegar nos espinhos.
DUNGA

A grande área é a minha casa. Só entra quem eu quero.
ELIAS FIGUEROA

Espírito de liderança no futebol é aprender a administrar 30 pessoas, cada uma com sua dor de barriga.
GÉLSON BARESI

Ser gremista é começar o time com um bom zagueiro. O camisa dez a gente vê depois.
HUMBERTO GESSINGER

O Dunga impressiona pela liderança.
Dá carrinho, puxa os companheiros pela camisa,
peita o juiz, grita e chuta para a arquibancada.
O jogo então começa e ele continua a dar
carrinho, a chegar junto, a puxar camisa.
JÔ SOARES

Dizem que um jogador sozinho não ganha
um campeonato. Mas o Falcão de 1979 seria
vice com certeza.
LUIS FERNANDO VERISSIMO

Capitão de equipe tem de ser que nem cabrito
entrando na faca: berrando o tempo todo.
MARAJARA

Zagueiro que se preza não permite
chacrinha de atacante na área e não ganha
prêmio Belfort Duarte.
MOISÉS

Na realidade a gente não rouba a bola, expropria
a bola. Porque é um lance de ganho coletivo.
NEI CONCEIÇÃO

Craque é aquele jogador que respeita a todos
e não se importa em carregar as próprias
chuteiras e as bolas. Infelizmente existem
hoje poucos assim.

PAOLO MALDINI

O volante hoje precisa sair jogando.
Foi-se o tempo do cabeça-de-área, que no fundo
era o guarda-costas de dois marmanjos.

ROGÉRIO LOURENÇO

Lembro de um senhor vendendo jornal
a quilo para comprar ingresso e assistir ao jogo
do Flamengo. Como posso decepcioná-lo?
Eu morro por ele.

RONDINELLI

O bom zagueiro deve ser tranquilo como
vaca no pasto.

STANISLAW PONTE PRETA

Na série "Narcos", um policial ensina: vilões
precisam dar sorte toda vez, mocinhos precisam
ter sorte só uma. É o lema perfeito para os
defensores em campo. Zagueiros precisam dar
sorte toda vez — os centroavantes, só uma.
TÉO BENJAMIN

Jogue pelo nome que está na frente da camisa,
e eles se lembrarão do nome que está nas costas.
TONY ADAMS

Zagueiro bom é o zagueiro feio, de preferência sem
se barbear. Se tiver olho claro eu já desconfio.
UIDEMAR

A zaga é o coração de um time de futebol. É ela
que bombeia sangue para o cérebro da equipe,
que fica no meio-campo.
WILSON GOTTARDO

Para reconhecer um zagueiro de área basta
entrar no vestiário e ver quem está tenso
e compenetrado, sem contar piada.
WILSON GOTTARDO

O capitão da equipe jamais pode ser o craque
do time, que geralmente está no chão no exato
instante em que deveria estar em pé junto
ao árbitro.

ZÉ ROBERTO PADILHA

O capitão ideal deve ser alto para impressionar
desde o cara-ou-coroa, derrubar mais que cair
e ter boa dicção. Bons dentes também ajudam,
na hora de erguer a taça.

ZÉ ROBERTO PADILHA

z
DE Zebra

Futebol e eleição não
se ganha de véspera.

ROMÁRIO

Apenas três pessoas calaram, com um só gesto,
o Maracanã lotado: Frank Sinatra, o Papa e eu.
ALCIDES GHIGGIA

Conquistar um título depois de 21 anos é
como passar 21 anos sem ver mulher e um dia
encontrar a Gwyneth Paltrow, sorrindo numa
praia deserta.
ARTHUR DAPIEVE

Não se deixe abater. Existe no céu um
Maracanã cheio de torcedores que morreram na
prorrogação, e não viram a vitória nos pênaltis.
BRAULIO TAVARES

Perder é uma forma de aprender. E ganhar,
uma forma de esquecer o que se aprendeu.
CARLOS DRUMMOND DE ANDRADE

Quando os jogadores da seleção mais precisaram
do Maracanã, o Maracanã emudeceu. A estádio
de futebol não se pode dar confiança.
CHICO BUARQUE

O futebol é o mais caótico e incontrolável
dos esportes.

CRISTIANO RONALDO

Nunca poderá ser um bom jogador de futebol
quem se sentir contente após perder uma
partida.

DON HOWE

Não creio em deuses, santos, espíritos e almas
penadas, nada. Mas há uma entidade que tenho
certeza que existe: o pé-frio. Eles estão entre
nós, e volta e meia um deles tenta ir ao jogo no
nosso carro.

EMILIANO TOLIVIA

Quando levamos o primeiro gol, o público, como
que surpreendido, gelou, e isso possivelmente se
transmitiu como uma onda negativa ao espírito
de cada jogador.

FLÁVIO COSTA, TREINADOR NA COPA DE 1950

Quem não faz, leva.

GENTIL CARDOSO

Vai dar zebra.

GENTIL CARDOSO, EM 1964, ANTES
DE PORTUGUESA 2 X 1 VASCO

Levarei aquela derrota para a cova. Lá em cima, perguntarei a Deus por que perdemos o título mais ganho de todas as Copas do Mundo.

JAIR ROSA PINTO, MEIO-CAMPO DA COPA
DE 1950

O gol do Uruguai, um simples gol, pareceu dividir a vida do brasileiro em duas fases distintas: antes e depois dele.

JOÃO MÁXIMO, SOBRE 1950

O que as vitórias têm de mau é que não são definitivas. O que as derrotas têm de bom é que também não são definitivas.

JOSÉ SARAMAGO

Se usei alguma tática especial? Ora, a do contragolpe, coisa muito velha em futebol. Bloquear os pontos fortes do adversário e avançar de imprevisto, com velocidade.

JUANCITO LOPEZ, TREINADOR DO URUGUAI
EM 1950

Não há melhor professor para nos ensinar a conviver com a frustração do que o futebol.
JUCA KFOURI

O segundo lugar é a inferioridade posta num pedestal para que todos a vejam. Uma estátua da pretensão castigada. Ser vice é como ser o último, com a desvantagem de que não provoca nem pena.
LUIS FERNANDO VERISSIMO

Na Copa em 1950, fui caçar passarinho. Quando cheguei de tardinha lá em Pau Grande, levei um susto: tava todo mundo chorando. Pensei logo que fosse desastre de trem. Quando me contaram que o Brasil tinha perdido é que fiquei calmo. Ora, chorar por causa de jogo de futebol, onde já se viu!
MANÉ GARRINCHA

É chato ser derrotado até em jogo de bola de gude. Bom mesmo é ganhar, com a modéstia de quem perdeu.
OTTO LARA RESENDE

Ter de vencer o tempo todo é a maior derrota.
NEI CONCEIÇÃO

Quero a vitória do time de várzea / Valente / covarde / a derrota do campeão / 5 x 0 / em seu próprio chão / circo dentro do pão.

PAULO LEMINSKI

Quem diz que futebol não tem lógica ou não entende de futebol ou não sabe o que é lógica.

STANISLAW PONTE PRETA

O aspecto mais feio do futebol brasileiro talvez seja a necessidade de apontar o dedo para um culpado. Após toda e qualquer partida, vocês sempre precisam escolher um vilão.

TIM VICKERY

O perdedor justifica, o vencedor comemora.

TÚLIO MARAVILHA

Sempre sei como vai o Obdúlio. E ele sabe sempre como estou. Não passa uma semana sem que eu pense em como está aquele sacana. Sou espírita, ele também. Quando se encontra, a gente toma um vinho federal.

ZIZINHO

QUEM DISSE

Abel Braga, zagueiro e treinador brasileiro: 23

Abel Ferreira, lateral-direito e treinador português: 23

Ademir de Menezes, o Queixada, centroavante e artilheiro da Copa de 1950: 55

Adílio Gonçalves, craque do Flamengo e treinador: 49, 73

Adriano Imperador, artilheiro da seleção brasileira: 17

Afonsinho Celso Garcia Reis, médico, meia-armador e escritor brasileiro: 115

Agamenon Mendes Pedreira (pseudônimo de Hubert Aranha e Marcelo Madureira), colunista político e esportivo: 114

Aida de Almeida, vascaína e líder de torcida: 165

Alan Ball Jr., meio-campo e treinador inglês: 23

Alceu Amoroso Lima, escritor e crítico literário brasileiro: 55

Alcides Ghiggia, ponta-direita uruguaio, autor do gol da vitória contra o Brasil na final da Copa de 1950: *185*

Aldir Blanc, vascaíno, escritor e compositor brasileiro: *16, 91*

Alê Oliveira, comentarista brasileiro: *81*

Alejandro Mancuso, volante e comentarista argentino: *176*

Almir Pernambuquinho, atacante do Vasco da Gama, Santos, Flamengo e Boca Juniors: *23, 81, 133, 155*

Amadeo Carrizo, goleiro argentino: *67*

Ambrose Bierce, satirista, escritor e jornalista americano: *133*

Andrade (Jorge Luís Andrade da Silva), volante campeão brasileiro pelo Flamengo: *91*

André Rizek, jornalista brasileiro: *155*

Ângela Bismarchi (Ângela Filgueiras de Moraes), atriz e modelo brasileira: *55*

Anthony Burgess, escritor britânico e autor de "Laranja mecânica": *55*

Antonio Maria, radialista, cronista e compositor brasileiro: 177

Antonio Tabet, humorista e roteirista brasileiro: 55

Aparicio Torelly, o "Barão de Itararé", jornalista e humorista brasileiro: 34

Ariano Suassuna, dramaturgo, romancista, professor e pensador brasileiro: 56

Armando Nogueira, jornalista, cronista e comentarista brasileiro: 72, 73, 115, 155

Arnaldo Branco, desenhista e humorista brasileiro: 17

Arnaldo Cezar Coelho, árbitro brasileiro: 90

Arnaldo Jabor, jornalista e cineasta brasileiro: 139

Arrigo Sacchi, ex-vendedor de sapatos e treinador italiano: 24, 56, 115

Arthur Dapieve, jornalista e escritor brasileiro: 107, 185

Arthur Muhlenberg, escritor, cronista e roteirista brasileiro: 24

Artur Xexéo, jornalista, cronista e dramaturgo carioca: 35

Ary Barroso, radialista e compositor brasileiro: 165

Ary Toledo, ator, cantor e humorista paulista: 67

Benito Mussolini, ditador fascista italiano: 35

Bernardinho Rezende, levantador, economista e técnico de voleibol brasileiro: 155

Berti Vogts, lateral-direito, treinador e capitão da Alemanha: 24

Betty Milan, psicanalista brasileira: 107

Bob Marley, cantor, compositor e peladeiro jamaicano: 56

Bobby Charlton, meia-atacante e craque da seleção inglesa: 56

Bobby Robson, meio-campista e treinador da seleção da Inglaterra: 24

Braulio Tavares, escritor, tradutor, cronista e compositor paraibano: 185

Brian Clough, artilheiro e treinador inglês: 73

Bruno Henrique Pinto, atacante mineiro e ídolo do Flamengo: 133

Bussunda (Cláudio Besserman Viana), humorista brasileiro: 115, 155

Carlos Alberto Parreira, preparador físico e treinador da seleção brasileira em 1994: 24, 147

Carlos Alberto Torres, lateral-direito capitão da seleção brasileira de 1970 e treinador: 49

Carlos Bilardo, volante e treinador argentino: 156

Carlos Castelo, cronista e frasista brasileiro: 56

Carlos Caszely, atacante e artilheiro chileno: 156

Carlos Drummond de Andrade, poeta mineiro e torcedor do Vasco: 17, 35, 81, 139, 185

Carlos Eduardo Mansur, jornalista e comentarista brasileiro: 115

Carlos Eduardo Novaes, contista, cronista, humorista e torcedor do Botafogo: 97

Carlos Heitor Cony, cronista e escritor brasileiro: *107*

Carlos Polimeni, jornalista e escritor argentino: *97*

Carlson Gracie, mestre, lutador de jiu-jítsu e campeão de vale-tudo brasileiro: *91*

César Luis Menotti, atacante e técnico argentino: *97*

Charles Miller, esportista, atacante, árbitro e dirigente brasileiro: *123*

Chico Buarque, compositor, escritor e peladeiro brasileiro: *44, 129, 171, 185*

Christian Bromberger, escritor, professor e etnólogo francês: *56*

Christophe Barbier, jornalista francês: *67*

Clarice Lispector, romancista brasileira nascida na Ucrânia e fã do Botafogo: *97*

Claudio Cruz, produtor cultural, torcedor e fundador do movimento Raça Rubro-Negra: *165, 166*

Cláudio Duarte, lateral-direito, comentarista e treinador brasileiro: 156

Claudio Gentile, zagueiro e treinador italiano: 156

Cosme Campos, atacante brasileiro: 116

Cristiane Rozeira, artilheira da seleção brasileira e comentarista: 57

Cristiano Ronaldo, centroavante e astro português: 57, 171, 186

Cristovão Tezza, escritor e cronista paranaense: 97

Dadá Maravilha (Dario José dos Santos), atacante brasileiro considerado o quarto maior artilheiro do país, atrás de Romário, Pelé e Arthur Friedenreich: 73, 81

Daniel Passarella, zagueiro e treinador argentino: 171

Décio de Almeida Prado, ensaísta, professor e crítico teatral brasileiro: 98, 156

Desmond Morris, antropólogo, zoólogo e escritor inglês: 57, 98, 171

Didi (Waldir Pereira), armador, ídolo do
Botafogo, bicampeão mundial em 1958 e 1962
e treinador: 73

Diego Lucero, jogador da seleção uruguaia,
jornalista e comentarista de futebol: 25

Diego Maradona, craque, mito e treinador
argentino: 35, 82, 107, 108

Diego Simeone, meia e treinador
argentino: 57, 177

Djalma Santos, lateral-direito da Portuguesa,
Palmeiras e seleção brasileira: 133

Djalminha Feitosa Dias, meio-campista
e comentarista esportivo: 157

Don Howe, lateral-direito e treinador
inglês: 186

Don Rossé Cavaca (José Martins de Araújo
Júnior), radialista, jornalista e humorista
brasileiro: 66

Dondinho (João Ramos do Nascimento),
jogador mineiro: 139

Dorival Júnior, volante e treinador brasileiro: 133

Dorival Knipel, o Yustrich, goleiro e treinador brasileiro: 49

Dorval, ponta-direita do Santos: 133

Doutor Sócrates, meia do Corinthians e da seleção brasileira: 73, 82

Drauzio Varella, médico e escritor brasileiro: 108

Dunga (Carlos Caetano Bledorn Verri), volante e treinador da seleção brasileira: 177

Edílson da Silva Ferreira, o Capetinha, atacante baiano: 147

Eduardo Barroca, treinador brasileiro: 157

Eduardo Bueno, o Peninha, escritor e historiador gremista: 57, 58, 139

Eduardo Galeano, jornalista, escritor e torcedor uruguaio: 108, 122, 139, 166

Elba de Pádua Lima, o Tim, atacante driblador brasileiro e técnico vencedor: 82, 134, 157

Elias Figueroa, zagueiro chileno: 177

Elza Soares, cantora brasileira: 58

Emerson Leão, goleiro da seleção brasileira e treinador: 25

Emiliano Tolivia, jornalista carioca: 186

Ênio Andrade, meio-campo e treinador brasileiro: 25, 83

Eric Morecambe, comediante inglês: 134

Ernesto Santos, jogador e treinador português: 25

Eusébio, artilheiro português nascido em Moçambique: 140

Evandro Affonso Ferreira, escritor e frasista mineiro: 134

Evaristo de Macedo, craque e treinador da seleção brasileira, atacante e artilheiro do Flamengo, Barcelona e Real Madrid: 25, 73

Everaldo Dionisio, o Lumumba, goleiro carioca: 67

Everaldo Marques da Silva, lateral-esquerdo gaúcho, campeão do mundo na Copa de 1970: 74

Fabio Capello, volante e treinador italiano: 157

Ferenc Puskas, atacante, craque e treinador húngaro: 35, 140

Fernanda Torres, atriz e escritora brasileira: 147, 171

Fernando Calazans, jornalista e cronista brasileiro: 36

Fernando Henrique Cardoso, sociólogo e político brasileiro: 171

Flávio Costa, lateral-direito e treinador, técnico do Brasil na Copa de 1950: 26, 157, 172, 186

Flávio "Minuano" Almeida da Fonseca, atacante e goleador, foi técnico do time feminino do Internacional em 1985: 74

Fraga, humorista gaúcho: 18

Fran Lebowitz, jornalista, humorista e pensadora americana: 58, 108

Francisco Bosco, compositor, ensaísta e escritor brasileiro: 45

Francisco "Pacho" Maturana, zagueiro e treinador colombiano: 74

Frank Dunne, jornalista, escritor inglês e treinador amador na Itália: 116

Friaça, ponta-direita do Vasco e da seleção brasileira: 74

Friedrich Nietzsche, filósofo e poeta alemão: 98

Gabriel Cohn, sociólogo brasileiro: 98

Galvão Bueno, locutor, empresário e apresentador brasileiro: 172

Gary Lineker, atacante inglês, artilheiro e comentarista: 36

Gélson Baresi, zagueiro brasileiro: 177

Gentil Cardoso, marinheiro pernambucano, meio-campo e treinador: 26, 74, 158, 186, 187

George Best, atacante da Irlanda do Norte e ídolo do Manchester United: 80, 83

George Graham, meia e treinador escocês: 67

George Orwell (Eric Arthur Blair), jornalista e romancista inglês: 36

Gerald Thomas, autor e diretor de teatro brasileiro: 98, 147

Gilberto Gil, músico, cantor e escritor brasileiro: 148

Gilmar Rinaldi, goleiro e empresário brasileiro: 68

Gonzalo Fernández de Oviedo, militar, botânico, escritor e colonizador espanhol: 123

Graciliano Ramos, escritor e jornalista brasileiro: 123, 124

Herbert Chapman, atacante e técnico inglês: 124

Hernán Casciari, escritor argentino e torcedor do Racing: 26, 68, 116, 140

Hope Solo, goleira da seleção dos EUA: 83

Humberto Gessinger, letrista e roqueiro brasileiro: 58, 83, 177

Humphrey Bogart, ator americano: 108

Ibsen Pinheiro, político, jornalista, advogado e conselheiro do Internacional: 116

Ignácio de Loyola Brandão, jornalista e romancista brasileiro: 45

Ivan Lessa, cronista, humorista e jornalista brasileiro: 36, 59, 98, 172

Jacek Gmoch, zagueiro e técnico polonês: 158

Jacinto de Thormes (Manoel Antonio Bernardez Muller), jornalista, cronista esportivo e colunista brasileiro: 129

Jair Pereira, meia-atacante e treinador brasileiro: 18, 26, 74, 83, 91, 158

Jair Rosa Pinto, meia-esquerda do Brasil na Copa de 1950: 187

Jerry Seinfeld, comediante americano: 59

Jô Soares, humorista, dramaturgo e apresentador brasileiro: 18, 37, 148, 178

João Antônio Ferreira Filho, jornalista, contista e escritor brasileiro: 59

João Bosco, músico e torcedor do Flamengo: 60

João Guilherme Carvalho, locutor, comentarista e apresentador brasileiro: 172

João Máximo, jornalista e escritor brasileiro: 99, 109, 187

João Saldanha, zagueiro, treinador, escritor e comentarista: 27, 116, 154, 158, 172

João Ubaldo Ribeiro, cronista e romancista brasileiro: 92, 109

Joaquim Ferreira dos Santos, cronista brasileiro: 99

Jock Stein, meia e treinador escocês: 158

Joel Santana, zagueiro e técnico carioca: 27, 49

Johan Cruyff, atacante, craque e treinador holandês: 27, 37, 84, 116, 158

Jomar Farias, publicitário e produtor gráfico brasileiro: 172

Jorge Amado, romancista baiano e torcedor do Ypiranga: 99

Jorge Jesus, meia e treinador português, campeão pelo Flamengo: 27, 92, 148

Jorge Luis Borges, escritor, poeta e tradutor argentino: 99

Jorge Murtinho, comentarista esportivo, escritor e publicitário brasileiro: 84, 134

Jorge Sampaoli, lateral-direito e treinador argentino: 37

Jorge Valdano, atacante, treinador e cronista argentino: 75, 109, 129

José Araújo, jornalista e comentarista brasileiro: 92

José Carlos Araújo, radialista brasileiro: 173

José Guillermo del Solar, meia e treinador peruano: 159

José Lins do Rego, romancista brasileiro e sócio do Flamengo: 99

José Macia, o Pepe, ponta-esquerda e treinador brasileiro: 140

José Mourinho, meio-campo e treinador português: 27

José Onofre, jornalista, crítico e escritor brasileiro: 109

José Paulo Kupfer, jornalista brasileiro: 68

José Pekerman, atacante e treinador argentino: 18

José Roberto de Aquino, jornalista brasileiro: 109

José Saramago, escritor português vencedor do Nobel: 187

José Silvério, radialista e locutor brasileiro: 68

Joseph-Antoine Bell, goleiro de Camarões: 68

Juancito Lopez, professor de educação física e treinador do Uruguai em 1950: 187

Juca Kfouri, jornalista brasileiro: 117, 188

Julio Adler, surfista e escritor: 148

Leandro Iamin, jornalista e torcedor palmeirense: 60

Leo Beenhakker, técnico holandês: 117

Leonardo Véliz, atacante e treinador chileno: 84

Leonel Kaz, editor, jornalista e escritor brasileiro: 92

Levir Culpi, zagueiro e treinador
brasileiro: 27, 75

Lima Barreto, escritor carioca: 124

Luís Carlos Tóffoli, o Gaúcho, centroavante
brasileiro: 18

Luís Castro, lateral-direito e treinador
português: 159

Luis Fernando Verissimo, escritor, humorista
e torcedor do Internacional: 37, 49, 75, 85, 100,
128, 148, 159, 178, 188

Luiz Antonio Simas, professor, historiador
e escritor botafoguense: 60, 75, 100, 109, 110,
135, 149, 173

Luiz Carlos Gonçalves, o Cabelada, árbitro,
comentarista e malandro carioca: 92

Luiz Felipe Scolari, zagueiro e treinador
do Brasil nas Copas de 2002 e 2014: 159

Luiz Mendes, radialista brasileiro: 100

Lula Carlos, advogado, revisor e cronista
pernambucano: 117

Maestro Junior (Leovegildo Lins Gama Júnior), jogador e comentarista: 110

Mané Garrincha (Manuel Francisco dos Santos), atacante e ídolo da seleção brasileira: 36, 85, 140, 188

Mano Brown, músico brasileiro: 60

Mano Menezes, zagueiro e treinador brasileiro: 28

Manoel Pereira, jogador catarinense e atacante brucutu, apelidado pelo jornalista Sandro Moreyra de "Leônidas da Selva": 76

Manuel Sérgio Vieira e Cunha, filósofo português: 100

Marajara, índio piratapuia e treinador amador do time amazonense Canarinho: 129, 159, 178

Marco Bianchi, humorista, apresentador e roteirista: 50

Marco Materazzi, zagueiro da seleção italiana: 135

Mario Filho, jornalista e diretor de jornais: 61, 96, 141

Mario Prata, cronista, historiador e escritor brasileiro: 125

Mario Quintana, poeta, jornalista e tradutor gaúcho: 170

Mário Vianna, policial, treinador, árbitro e comentarista brasileiro: 93

Marta Vieira da Silva, meia-atacante, melhor jogadora do mundo e craque da seleção brasileira: 117

Mauro Beting, jornalista, comentarista e torcedor do Palmeiras: 61, 149, 173

Max Nunes, médico, roteirista de humor e compositor: 69, 93, 135

Maz Jobrani, ator e comediante americano de origem iraniana: 38

Michel Platini, meio-campo e cartola francês: 38

Miguel Esteves Cardoso, escritor, jornalista e crítico português: 38

Millôr Fernandes, desenhista, pensador e escritor brasileiro: 110, 117, 149

Milton Copolillo, zagueiro do Flamengo: 166

Milton Leite, locutor esportivo e comentarista brasileiro: 93

Mira Formiga (Miraildes Maciel Mota), meio-campista e estrela da seleção brasileira, com sete Olimpíadas e sete Copas na bagagem: 38, 50, 85

Mirandinha (Francisco Ernandi da Silva), atacante e treinador cearense: 69

Moacyr Barbosa, goleiro brasileiro da Copa de 1950: 69

Moisés Matias de Andrade, zagueirão do Bonsucesso, Vasco e Corinthians, e depois treinador: 93, 178

Moraes Moreira, músico, torcedor e peladeiro baiano: 39

Muricy Ramalho, meia, treinador, comentarista e coordenador técnico: 28, 50, 160, 167

Nando Reis, músico brasileiro: 85

Nei Conceição, meio-campo do Botafogo: 28, 45, 61, 86, 93, 100, 160, 178, 188

Nei Lopes, poeta, compositor, historiador e escritor vascaíno: 149

Nelson Motta, escritor, compositor e produtor musical brasileiro: 39, 118

Nelson Rodrigues, escritor e dramaturgo tricolor: 54, 76, 129, 173

Neném Prancha (Antonio Franco de Oliveira), treinador de praia, roupeiro, olheiro e pensador: 28, 76, 160

Neymar, goleador da seleção brasileira: 110

Nick Hornby, torcedor do Arsenal, roteirista e escritor: 61, 100

Nicolas Behr, poeta brasileiro: 45

Nicolau Sevcenko, historiador, professor, escritor e tradutor brasileiro: 111

Nilson Primitivo, cineasta e fotógrafo brasileiro: 86

Nílton Santos, lateral-esquerdo do Botafogo e da seleção brasileira: 36, 39, 45, 46, 101, 118, 141

Nuno Ramos, pintor e ensaísta brasileiro: 101

Olga Tokarczuk, escritora polonesa vencedora do Nobel: 76

Oliver Kahn, goleiro alemão na Copa de 2002: 69

Ondino Viera, treinador uruguaio: 39

Oscar Wilde, escritor, poeta e dramaturgo irlandês: 19

Oswaldo Brandão, zagueiro e treinador brasileiro: 173

Otacílio Gonçalves, preparador físico e técnico brasileiro: 28

Otelo Caçador, jornalista e cartunista brasileiro, torcedor do Flamengo: 28, 141

Otto Glória (Otaviano Martins Glória), jogador e treinador carioca, campeão como técnico do Benfica e da Nigéria: 22

Otto Lara Resende, jornalista, cronista e escritor mineiro: 141, 188

Paolo Maldini, lateral, zagueiro e dirigente italiano: 179

Paolo Rossi, artilheiro italiano e campeão mundial em 1982: 39

Paulo Cézar Lima, o PC Caju, atacante da seleção brasileira: 94, 150

Paulo Leminski, poeta e músico brasileiro: 189

Paulo Markun, jornalista e escritor brasileiro: 118

Paulo Mendes Campos, poeta, escritor, editor e torcedor do Botafogo: 46, 61, 101, 111, 146, 160

Paulo Nunes, atacante e comentarista brasileiro: 29

Paulo Roberto Falcão, craque e treinador: 101

Paulo Vinicius Coelho, jornalista brasileiro: 94, 101

Pedro Zamora (Jocelyn Barreto Brasil Lima), aviador, escritor e jornalista esportivo brasileiro: 50, 69

Pelé, rei do futebol: 19, 138, 139, 141, 142

Pep Guardiola, volante e treinador espanhol: 111

Perry White (pseudônimo de Cláudio Paiva, Hubert Aranha e Reinaldo Figueiredo), diretor fictício do tabloide "O Planeta Diário": *19, 39, 118, 129, 167, 174*

Phil Woosnam, centroavante e treinador nascido no País de Gales: *29*

Pia Sundhage, jogadora e treinadora sueca: *29, 130*

Piero Trellini, jornalista e escritor italiano: *150*

Príncipe Takamado, primo do imperador, monarca e presidente de honra japonês: *40*

Quino (Joaquín Salvador Lavado Tejón), cartunista argentino: *111*

Rafael Cardoso, escritor, romancista e historiador brasileiro: *102*

Rainha Elizabeth 2ª, monarca do Reino Unido de 1952 a 2022: *150*

Reinaldo (José Reinaldo de Lima), ídolo e goleador do Atlético Mineiro: *86*

Reinaldo Rueda, técnico colombiano: *29*

Reinhard Sauer, produtor cultural alemão: *40*

Renato Cesarini, meia e treinador ítalo-argentino: *29*

Renato Gaúcho, artilheiro e treinador brasileiro: *29, 86, 161*

Ricardo Araújo Pereira, cronista e humorista português: *102*

Rinus Michels, atacante e treinador holandês: *161*

Roberto Assaf, jornalista, comentarista e historiador brasileiro: *40, 125, 150*

Roberto Carlos da Silva Rocha, lateral-esquerdo brasileiro: *150*

Roberto Casciari, torcedor fanático argentino e pai de Hernán: *69, 111*

Roberto DaMatta, antropólogo e professor: *70*

Roberto Drummond, jornalista e romancista mineiro: *62*

Roberto Fernandes, treinador pernambucano: *30*

Roberto Fontanarrosa, escritor, desenhista e humorista argentino: 77, 86

Roberto Pinheiro "Zanata", lateral-direito carioca: 174

Roberto Rivellino, meia da seleção brasileira: 142

Rodrigo D'Antonio, comunicador, webdesigner e peladeiro: 30

Roger Milla (Albert Roger Mooh Miller), atacante e ídolo camaronês: 40

Rogério Lourenço, zagueiro e treinador brasileiro: 179

Romário de Souza Faria, artilheiro e político brasileiro: 30, 86, 142, 184

Romualdo Arppi Filho, brasileiro árbitro da Fifa entre 1963 e 1989: 94

Ronaldo Nazário, o Fenômeno, artilheiro da seleção brasileira: 77, 151

Rondinelli, zagueiro do Flamengo: 179

Roy Keane, meio-campista e treinador irlandês: 77

Rubem Braga, cronista, poeta, peladeiro de praia e torcedor do Flamengo: *40*

Rui Barbosa, jurista, diplomata, político e orador baiano: *125*

Ruud Gullit, atacante holandês: *130*

Ruy Carlos Ostermann, jornalista, professor e comentarista esportivo: *41*

Ruy Castro, escritor, biógrafo de Garrincha e torcedor do Flamengo: *19, 46, 62*

Serafim Pinto "Pipi" Ribeiro Júnior, ponta-esquerda mineiro: *135*

Sergey Brilev, jornalista russo: *41*

Sérgio Augusto, jornalista e escritor botafoguense: *102*

Sérgio "Arapuã" de Andrade, jornalista e publicitário brasileiro: *151*

Sérgio Moacir, goleiro e treinador gaúcho: *30*

Sérgio Noronha, radialista, jornalista e comentarista carioca: *62*

Sérgio Rodrigues, linguista e escritor brasileiro: *41*, *102*, *142*, *143*, *174*

Simon Critchley, filósofo inglês: *62*

Stanislaw Ponte Preta (Sérgio Marcos Rangel Porto), jornalista, crítico musical e humorista: *77*, *179*, *189*

Tatá Werneck, humorista e apresentadora carioca: *19*

Telê Santana, ponta-direita e técnico brasileiro: *77*

Téo Benjamin, editor, analista e comentarista esportivo brasileiro: *180*

Tim Vickery, jornalista inglês: *189*

Tony Adams, zagueiro e treinador inglês: *180*

Tostão (Eduardo Gonçalves de Andrade), craque da Copa de 1970, médico e escritor: *46*, *77*, *174*

Túlio Maravilha, atacante e artilheiro goiano: *87*, *189*

Uidemar, volante e treinador brasileiro: *180*

Vahid "Vaha" Halilhodžić, atacante e treinador bósnio: *30*

Valdomiro Matias, juiz e comentarista pernambucano: *94*

Valeri Lobanovski, atacante e técnico ucraniano: *161*

Vampeta (Marcos André Batista Santos), volante e comentarista baiano: *50*

Vanderlei Luxemburgo, lateral-esquerdo e técnico brasileiro: *30, 78*

Vicente Matheus, empresário e dirigente espanhol naturalizado brasileiro: *20*

Vicente Verdú Maciá, poeta, pintor, ensaísta e jornalista espanhol: *103*

Vinicius de Moraes, poeta, compositor e diplomata botafoguense: *103*

Walter Casagrande, centroavante do Corinthians e seleção brasileira: *87*

Walter Scott, escritor, poeta e historiador escocês: *103*

Walter Vargas, jornalista argentino: *149*

Washington Olivetto, publicitário brasileiro: *94, 119*

Washington Rodrigues, o Apolinho, radialista brasileiro: *31*

William Pickford, jogador, árbitro e dirigente inglês: *62*

William Shakespeare, dramaturgo e escritor inglês: *126*

William "Bill" Shankly, meia-direita e treinador escocês: *31, 63, 94, 119*

Wilson Gottardo, zagueiro e treinador brasileiro: *103, 180*

Winston Churchill, político e primeiro-ministro britânico: *50*

Wolfgang Overath, meio-campo alemão: *143*

Xico Sá, jornalista e escritor brasileiro, torcedor do Icasa: *20, 63, 70, 78, 87, 103, 130*

Xuxa Meneghel, modelo, cantora e apresentadora brasileira: *143*

Zagallo, ponta-esquerda e treinador
brasileiro: 132, 161

Zé Maria Alves, lateral-direito do Corinthians
e da seleção: 41

Zé Roberto Padilha, meia do Fluminense
e escritor: 31, 51, 112, 119, 130, 161, 181

Zico, ídolo do Flamengo: 41, 46, 48, 112

Zinedine Zidane, craque francês: 135

Zizinho (Thomaz Soares da Silva), craque
da seleção brasileira, ídolo de Pelé e treinador:
42, 87, 189

Zlatan ibrahimović, atacante e artilheiro
sueco: 46, 87

Zózimo Barrozo do Amaral, jornalista
e colunista brasileiro: 106

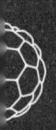

1ª edição	dezembro 2022
impressão	rotaplan
papel miolo	pólen soft 80g/m²
papel capa	cartão supremo 300g/m²
tipografia	nassim e neue haas grotesk